ESSAI

SUR LES

COLONIES FRANÇOISES.

par Saintard

ESSAI

SUR LES

COLONIES FRANÇOISES,

OU

DISCOURS

POLITIQUES

SUR la Nature du Gouvernement, de la Population & du Commerce de la Colonie de S. D.

Nunc demùm redit animus ; & quamquam primo beatiſſimi ſæculi ortu Nerva Cæſar res olim diſſociabiles miſcuerit , principatum ac libertatem , augeatque quotidie facilitatem imperii Nerva Trajanus ; nec ſpem modo ac votum ſecuritas publica , ſed ipſius voti fiduciam ac robur aſſumpſerit ; naturâ tamen infirmitatis humanæ tardiora ſunt remedia , quam mala. *Tacite, Vie d'Agricola, ſect. 3.*

M DCC LIV.

TABLE
DES DISCOURS.

PREMIERE PARTIE.

SECONDE PARTIE.

ERRATA

DE LA PREMIERE PARTIE.

Les matieres traitées dans cet Ouvrage, étant ou nouvelles en Europe, ou abstraites, le Lecteur est prié de lire l'Errata.

Page 15 de l'Introduction, ligne 16, ou soit réduit, *lisez*, on soit réduit.

P. 17. l. 14 *de la note*, qui leur en offrent payement, *lis.* qui leur offrent en payement.

P. 35. l. 9. à le supprimer, *lis.* à les supprimer.

P. 42. l. 11. d'un ministere ! Qui assurera, *lis.* d'un ministere qui assurera.

P. 46. l. 11 *des notes*, on ne sçanroit, *lis.* on ne sçauroit.

P. 60. l. 14. sur tous les objets, *lis.* sur tous ces objets.

P. 65. l. 7. sert également l'Etat, *lis.* sert également l'Etat ?

P. 77. l. 10. de préventions, avant qu'on ait, *lis.* de préventions avant qu'on ait.

P. 82. l. 14. c'est nn scandale public ; *lis.* d'un autre côté c'est un scandale public.

P. 150. l. 7. sentiment que tend, *lis.* qui tend.

P. 179. l. 17. du Conseil, *lis.* du Reglement du Conseil.

P. 209. dern. mot, mimiscés, *lis.* immiscés.

P. 216. *l.* 6. politesse, *lis.* petitesse.

P. 250. *l.* 8. a établi dans les terres , *lis.* a établi les terres.

P. 252. *l.* 11. deux causes d'action se combinent , *lis.* se combinent d'une maniere indissoluble.

P. 298. *l.* 17. ainsi, *lis.* aussi.

P. 318. *l.* 12. de fonds de l'Etat , *lis.* des fonds de l'Etat.

INTRODUC.

INTRODUCTION.

J'AVOIS formé il y a long-tems le projet d'écrire fur la Colonie de S. D. Sans y être né moi-même, fils d'un pere qui y avoit reçû la naiſſance, & y ayant vécu pluſieurs années, je la regardois comme une patrie particuliere à laquelle je devois plus que des ſentimens ſtériles de reconnoiſſance. D'ailleurs la grandeur & la ſingularité de l'objet ſollicitoit mon ambition. Il eſt aſſez ordinaire que le génie, même celui d'obſervation dans les choſes les plus communes, plus porté à l'invention qu'à l'exécution, ne ſoit que le développement d'un eſprit tenté par la difficulté, ou invité par la nouveauté qu'il prend (ſouvent avec quelque fondement) pour la découverte. Ce n'eſt pas qu'il ne faille reconnoître avec un des plus beaux Eſprits de notre ſiécle que les arts néceſſaires (1) ont

(1) M. de Fontenelles Dialogue entre Eraſiſtrate & Hervé; je me trouve heureux d'a

A

été par un effet de la combinaison des principes qui font dans l'homme portés dès le berceau à une efpéce de perfection. Il y a peu de principes à ajouter à la politique depuis fa naiffance ; il refte beaucoup d'applications à faire. Si dans le fyftême de l'Europe , le commerce , la liberté & la puiffance fe trouvent raffemblés & combinés , toutes ces chofes n'en ont pas moins exifté dans les tems anciens ; le commerce regnoit en même tems à Carthage , la liberté dans la Grece , la puiffance en divers lieux ; mais fi tout n'étoit pas également admirable dans l'ordre de

voir à y ajouter l'autoriré de M. de Montefquieu. Dans ce Livre admirable , le plus beau monument de l'efprit humain , qui honore par les réflexions d'un feul fiécle les découvertes de tous les autres , vous voyez l'exemple de l'Antiquité fonder toutes les politiques modernes. C'eft dans les temps reculés qu'il faut chercher les principes de tous les genres de Gouvernemens ; la Monarchie même qui femble dûe à la perfection des tems plus voifins , n'eft qu'une nouvelle fituation que l'art & les circonftances ont donnée à l'ancien Gouvernement des Germains , peuples dont la fervitude eft fans vraifemblance , & la liberté fans époque.

l'intelligence qui conduit l'univers ; & si l'homme lui-même, confideré comme inftrument de fa propre police, n'avoit eu des développemens tous remarquables, dont on ne voulut pas appercevoir la liaifon & la continuité avec ceux que nous voyons éclôre, certainement il faudroit reconnoître dans le penchant actuel des chofes en Europe pour l'accroiffement de connoiffance, de puiffance, & de félicité de chaque homme, le chef-d'œuvre de la Providence. Dans un tems, & dans des lieux où l'on eft venu par une de fes fecretes directions à fe convaincre que le Gouvernement eft fait pour les hommes, non les hommes pour le Gouvernement, & que la puiffance n'eft que le moyen & la félicité de tous le but des polices générales, le zéle multiplie ces applications fi fécondes. De-là tant de conféquences qui ont la réputation des principes, tant de découvertes de l'efprit d'obfervation (2).

(2) Dans les chofes humaines tout ce qui a été toujours exiftant, n'a pas été toujours connu, parce que les hommes, que dis-je ? les Nations, ont fouvent ignoré les principes

Lors même qu'on sent diminuer l'attrait naturel de l'invention, le cœur échauffé par une bienfaisance générale trompe l'esprit pour le bien commun, & produit en tout genre des imitations de projets & de vûes utiles, qui nous dédommagent peut-être de celles du bon goût de l'antiquité qui semble se perdre parmi nous. Dans une retraite que je m'étois choisie, je sentois cette séduction du cœur, & je faisois ces considérations ; je me plaisois sur-tout à remarquer que, quoique mes principes sur le commerce & la population eussent déja été les objets d'autres ouvrages de politique (3), néanmoins

qui les gouvernoient. Les premiers Législateurs n'ont dû agir que par instinct ; ceux qui les ont suivis de près, que par de nouveaux essais ; l'expérience n'a pas tenu lieu de génie, mais a servi au génie des derniers Législateurs : ceci explique en quel sens les choses anciennes font nouvelles, & comment un Génie observateur peut être le premier de tous.

(3) Un des principes les plus féconds sur la nature de la défense d'une Colonie se trouve établi dans les Elémens du commerce, Livre très-recherché par les connoisseurs, qui vient de paroître tout récemment ; mais comme il n'y est pas développé, & qu'il se trouve con-

les applications que j'en faifois aux Colonies paroiffoient avoir échappé à ceux qui y ont gouverné, ou obéi; qu'elles m'étoient propres; & que c'étoit là enfin (peut-être en tout genre) la feule façon de découvrir après nos prédéceffeurs. Je pefois tout, balancé entre l'amour de la gloire & la crainte de la publicité, lorfqu'un ami refpectable connu par fes talens & fa *Philantropie*, vint me voir, & me dit :

„ Vous méditez un deffein noble &
„ généreux. Vous paroiffez même lui
„ avoir facrifié le droit que vous aviez
„ d'entrer dans les emplois, & avoir
„ acheté celui d'écrire par une retraite
„ abfolue. J'ai lieu de croire qu'un leger
„ retour fur la nature de votre ouvrage
„ vous aura bien-tôt détrompé des ef-
„ pérances que vous fondiez fur votre
„ retraite. Réfléchir c'eft agir, & le
„ monde eft le lieu de l'action. Dans
„ l'examen fur-tout des intérêts qui y
„ regnent & de ce qu'on appelle politi-

tredit à la même page, je juge que l'Auteur s'eft trouvé dans le cas où j'ai peint les premiers Légiflateurs; ce qui honore fon génie. V. le Difc. 12. fur la population.

,, que, il faut y vivre ; peut-être même
,, faut-il être fur la fcène & y jouer un
,, perfonnage. Sans cela vous n'éprou-
,, verez ni cette vive paffion qui vous
,, fait faifir le vrai & le naturel, ni
,, cette heureufe chaleur d'où nait la
,, fécondité. C'eft la connoiffance de
,, nos intérêts qui nous découvre l'in-
,, térêt public, & qui par fes paffions
,, ou fa condition n'en a pas de bien
,, vifs à démêler avec l'Etat, ne le con-
,, noît pas. Nous avons fous nos yeux
,, des Ecrits fans nombre fur la politi-
,, que, ouvrages de plufieurs grands
,, hommes, monumens de plufieurs
,, fiécles ; & nous avons dû remarquer
,, qu'après tant de contemplatifs, beau-
,, coup moins profonds, beaucoup
,, moins Philofophes que l'élégant Ar-
,, chitecte (4) des murs de Salente,

(4) M. de Fenelon dont la politique
étoit dans l'efprit autant que dans le cœur.
Thelemaque n'a point le ridicule de l'*Utopie*,
& des autres Ouvrages polémiques qui pré-
tendent donner des plans de gouvernement,
parce qu'on n'y prétend donner qu'un plan d'é-
ducation. Si les bonnes Loix font celles qui
gênent nos penchans, les bons Livres de politique à mettre entre les mains des jeunes Prin-

» il a fallu que M. de Montesquieu éle-
» vé dans tous les mouvemens de la
» Société, & après y avoir long-tems
» erré, soit venu nous apprendre ses
» découvertes, & rétablir dans tous
» les esprits l'image naïve de la Société
» qu'ils avoient défigurée. Sans cet Ou-
» vrage immortel, dans qui les Ci-
» toyens & les Rois, pour la premiere
» fois, se rencontrent & se concilient,
» on eût parlé inutilement pendant six
» mille ans d'un corps général de po-
» litique.

» Pour les vûes de politique parti-
» culiere, le même contraste s'est
» trouvé de tout tems. De bons Ci-
» toyens ont fait quelquefois dans la
» solitude de leur cabinet (5) des rêves
» louables ; mais s'il nous est parvenu
» quelque lueur de ce qui convenoit à
» l'Etat, c'est dans les Mémoires, les
» Lettres, ou les Ouvrages restés d'un

ces sont ceux qui combattent le penchant des grandes Monarchies.

(5) Tout connoisseur exceptera M. l'Abbé de Saint Pierre, dont les rêves sont devenus quelquefois des oracles ; homme qui eut peut-être fait un très-mauvais Ministre, & sans doute un très-bon Roi.

» petit nombre de ceux qui ont été em-
» ployés aux affaires , & qui ont écrit.
» Le loifir en un mot nous rend pro-
» pres à nous-mêmes ; mais il diminue
» néceffairement nos relations avec
» les autres hommes : & fi nous nous
» en fouvenons , & que par vertu
» nous nous faffions une étude de ce
» qui peut être un bien pour eux, ce
» défir fi honnête débauche affez fou-
» vent notre jugement contre notre in-
» tention ; tout ufage dont on fe plaint
» devient pour nous un abus ; tout re-
» mede aux abus convient : tout ce qui
» part du gouvernement eft fufpect ;
» tout ce qui vient du Citoyen , juf-
» qu'à la moindre parcelle des vieilles
» traditions populaires fur vingt projets
» prétendus utiles , paroît admirable :
» tout s'exagere ou s'atténue, au gré
» de cette folle paffion du bien ; & c'eft
» en quelque façon devant un Citoyen
» (6) prévenu contre les Loix , que les
» Loix ont à plaider.

(6) Le Citoyen eft celui qui eft affectionné
au gouvernement établi, non-feulement parce
qu'il eft établi, mais parce qu'il eft le meilleur.
La Patrie eft pour nous dans le Prince & les

» Il n'eſt peut-être plus tems de cher-
» cher à vous aſſurer par vous-même
» des différens objets que vous voulez
» traiter ; mais venez retrouver un ſpec-
» tacle utile, rentrez dans la circula-
» tion, cultivez ceux qui manient
» les emplois publics, voyez les Com-
» merçans, & joignez ces lectures ani-
» mées à celles des meilleurs Ouvrages.
» Dans l'expoſition des faits que vous
» devez décrire, ne dites rien de trop,
» ayant en effet trop à dire. Ne ſoyez
» pas atteint de la manie du Citoyen ;
» n'en ayez point (ſi vous m'en ſouf-
» frez le terme) le coup de marteau ;
» on ne ſçauroit être trop en garde con-
» tre la ſéduction des ſentimens reſpec-
» tables. Le droit de traiter les matieres
» publiques entre les mains d'un Ci-
» toyen eſt un droit douteux. Il faut
» le réaliſer par la modération. A ces
» conditions ne doutez pas que les gens
» ſenſés & le miniſtere attentif à s'é-
» clairer (7) ne rendent juſtice à vos

Citoyens. L'eſprit faux ſeul ſépare ce que la
nature des choſes unit.

(7) Un des grands arts d'un Gouvernement
éclairé eſt de faire l'emploi des hommes. Un
Miniſtre habile employe l'homme qui parle

» vûes ; nous ne sommes plus dans le
» tems où le terme d'impunité qui n'ap-
» partient qu'au crime , s'appliquoit à
» des Ouvrages que l'on prétendoit
» hardis , & qui n'étoient que nécessai-
» res. Une sage tolérance est dûe aux
» Ecrits qui peuvent instruire , & l'on
» pardonne en leur faveur à ceux mê-
» mes qui n'instruisent pas.

» A l'abri de la crainte de déplaire ,
» vous vous mettez même au-dessus de
» l'espérance. Satisfait de votre ob-
» scurité qui fait , dites-vous, la meil-
» leure partie de votre patrimoine ,
» vous voulez seulement que votre Li-
» vre parvienne à un Ministre éclairé ,
» qu'il le lise , connoisse les maux qu'il
» décrit , & vous êtes content. Il y a
» apparence que votre Livre sera lu ,
» mais qu'il n'apprendra rien de nou-
» veau sur les vices du gouvernement
» des Colonies. Les guerres allumées
» entre quelques-uns des Généraux &
» des Intendans précédens , & les in-
» térêts qui sont demeurés à quelques-

même inutilement, en l'écoutant; attrait unique pour faire parler celui qui écoute utile-
ment dans la Société.

» unes de ces Puiſſances, après des trê-
» ves forcées ou des paix ſimulées,
» ont tout fait découvrir. J'ai lu des
» inſtructions communes où le mal, du
» moins celui cauſé par quelques excès
» du Militaire, étoit connu : mais le
» Miniſtre juſte & prudent qui ſçavoit
» que toute bonne régle n'étoit pas fa-
» cile à établir, & qu'il y avoit dans la
» Légiſlation d'une Colonie un certain
» point de maturité à attendre du tems,
» s'en eſt toujours remis pour la ré-
» forme de ces abus aux ſucceſſeurs de
» ceux qui les avoient ſoufferts, en ſe
» propoſant d'apporter dans leur choix
» un nouveau ſoin ; & l'événement a
» en partie juſtifié ſa politique.

   » L'abus extrême n'eſt pas, comme
» on le croit, dans un commandement
» dur, qui avec tout cela eſt ordinai-
» rement très-foible ; il eſt dans des
» points bien autrement importans que
» vous me paroiſſez avoir ſaiſis ; mais
» à ce premier égard il ne peut être, s'il y
» en a en effet, que dans le défaut d'une
» explication nette ſur le ſervice du Roi
» dans les milices, qui véritablement a
» été porté par intervalles juſqu'au ſer-
» vice des Commandans. Faute de bor-

» nes ces deux petits Etats font entrés
» en guerre fur les limites ; vous ne pou-
» vez être le médiateur de leurs diffé-
» rends, n'en foyez pas l'hiftorien. Imi-
» tez le zéle, mais n'imitez pas l'exa-
» gération d'un Ecrit moderne (8),
» d'ailleurs très-eftimable par la géné-
» rofité de fon but ; & gardez vous en-
» core plus foigneufement de confondre,
» comme lui, les différens vices du gou-
» vernement, en attribuant unique-
» ment à des ennuis paffagers la dépo-
» pulation. Ce n'eft pas la hauteur du
» Militaire en elle-même qui fert d'é-
» pouventail à l'Européen, & fait fuir
» le Colon : l'attrait eft trop fort d'ail-
» leurs pour appeller & fixer dans une
» Colonie fertile. C'eft le Colon mé-
» diocre qui refte, & c'eft lui qui pour-
» roit fouffrir de cette dureté acciden-
» telle du gouvernement. C'eft le riche
» qui s'éloigne, & c'eft lui que la for-
» tune, toujours accompagnée de con-
» fidérations, met hors de portée de
» ces accidens. Il faudroit, pour pro-
» duire feuls une fi trifte dépopulation,

____

(8) *Le Patriotifme Amériquain*, Ouvrage
plein de détails, faillans, vrais & inutiles.

» que les Commandans fuſſent coupa-
» bles de concuſſion ; mais ils ne le ſont
» pas, & n'ont jamais eu le crédit de
» l'être.

» En un mot grand dans votre ob-
» jet, ſoyez-le dans l'exécution. Que
» tous vos détails menent à penſer
» que vous avez en vûe, non le gou-
» vernement des Colonies en lui-
» même ; mais le défaut de gouverne-
» ment qui ſe trouve dans les parties
» vicieuſes de ſon adminiſtration. Que
» la dureté de certaines expoſitions
» vous paroiſſe arrachée ; courez au-
» devant des interprétations favora-
» bles. Vous êtes citoyen, travail-
» lez à le paroître. L'opinion que vous
» donnerez de l'Auteur, contribue-
» ra à l'opinion qu'on prendra de
» l'Ouvrage, & votre ſuccès fera le
» ſien. «

Je ne ſçai ſi je ſuis bien entré dans
toutes les vûes de l'Ami qui me tenoit ce diſcours ; mais du moins ais-
je un éloignement naturel des perſon-
nalités qui a bien répondu à une partie de ſes leçons. Aujourd'hui même
que tout ſemble ſe diſpoſer par l'éle-
vation d'un homme adoré dans la Co-

Ionie (9), à prendre une nouvelle face, je crains moins que jamais les applications malignes de peintures qui embraſſent néceſſairement tous les tems de la Colonie, parce qu'elles ſervent naturellement à exprimer les dangers d'un Gouvernement auſſi ancien que ſa naiſſance ; mais peu propres en elles-mêmes au Gouvernement préſent qui en général ſe propoſe une modération inconnue dans les tems orageux. Les chefs actuels ne doivent pas être plus bleſſés de ces traits, que les Rois ne le ſont des jugemens des Hiſtoriens ſur leurs ancêtres & ſur les vices intérieurs de leur Gouvernement. Je n'ai l'avantage de connoître perſonnellement que l'un d'eux ; mais qui a des idées auſſi ſaines de Gouvernement ; qui ſe ſent, comme lui, ſupérieur (10) à la dureté, à la vexation,

(9) M. de Vaudreuil eſt trop reconnoiſſable à ces traits. Heureux celui qu'on nomme en parlant de l'objet de l'affection des peuples !

(10) Un mauvais Mécanicien multiplie les mouvemens, où Vaucanſon ſimplifie. Un eſprit foible prenant ſans ceſſe la rigueur pour la vigueur, uſe les reſſorts du Gouvernement même.

reſſources des Gouvernemens foibles & bornés, eſt aſſez grand pour avouer les dangers d'un Gouvernement arbitraire. Ne nous trompons point ; les eſprits élevés, par le coup d'œil de leur étendue, apperçoivent les limites des eſprits communs, & craignent d'eux ce qu'ils en doivent craindre. Si Socrate ou l'Abbé de Saint Pierre avoient regné (11), ils ſe feroient fait des Loix. Ils n'euſſent été qu'à demi-bienfaiteurs, s'ils n'euſſent pas enchaîné leurs ſucceſſeurs. Il ſemble en effet que dans la jouiſſance du Gouvernement arbitraire le plus modéré, ou ſoit réduit à haïr un bienfaiteur ambitieux, qui en faiſant ſeul & ſans regle tout le bien, laiſſe le mal à faire à ſes ſucceſſeurs, & prépare par la liberté à la ſervitude. Celui dont je parle, citoyen lui-même, formé à l'Ecole des grandes proſpérités & des adverſités paſſageres, mais plus encore inſtruit par la nature à profiter des

(11) Si l'Abbé de Saint Pierre avoit regné j'oſe croire qu'il n'eût pas fait de Livres : peut-être a ſa place le Czar eût écrit. Les Ouvrages ſont les images des actions qui ne peuvent naître.

unes & des autres, a fervi & commandé ; & l'on peut regarder comme un acheminement à la réformation du pouvoir abfolu, le fouvenir de ce qu'il en a fouffert lui-même. Souvent fi ceux que la fortune tire de l'égalité naturelle des hommes pour leur donner le droit de faire le bien, connoiffoient le mal qu'un pouvoir détourné de fon but peut produire, l'oppreffion feroit auffi rare que le font les bons projets pour y remédier.

Quoique le mien foit d'une date affez ancienne, j'ai été précédé dans une partie de l'exécution par deux Auteurs modernes qui ont parlé des Colonies.

L'Ouvrage du premier, connu fous le nom du *Patriotifme Amériquain*, eft certainement d'un homme d'efprit ; & d'autant plus, felon moi, que ce qu'il a de connoiffances acquifes, il les a emportées à la pointe de l'imagination. Il paroît n'avoir connu ni la campagne, ni les inftrumens qui y fervent. D'ailleurs la morale qui eft le but de fa politique, & le zéle de citoyen qui tranfpire dans l'infuffifance même de fes vûes, femblent affurer à fon Auteur une réputation propre à survivre à celle de son Ouvrage.

Je voudrois pouvoir faire le même éloge de l'Auteur de l'*Essai sur les intérêts du Commerce Maritime*. Il s'en faut de beaucoup qu'un connoisseur approuve tout ce qu'il dit des Colonies, & avoue nombre de faits peu intéressans qui se sentent des basses préventions d'un petit nombre d'Officiers des Navires qui y commercent, qui infectent à leur retour les ports de leurs préjugés. La justice demandoit qu'en parlant de l'infidélité des payemens courans (12), il parlât de celle des

(12) La partialité des Mémoires fournis à l'Auteur est ici sensible, & sa candeur se fait en même tems remarquer par la franchise avec laquelle il place, à mesure qu'ils se présentent, les différens matériaux de cette compilation indigeste qu'il ne garantit point. Ici il dit p. 124. » On ne doit pas passer sous silence l'abus qui » regne à S. D. de la part des habitans dé- » biteurs envers les Capitaines de navires leurs » créanciers ; à quoi il est de l'intérêt du com- » merce de porter un prompt reméde...... » Lorsque les Capitaines se disposent à charger » pour revenir en France ils vont chez leurs » débiteurs qui leur en offrent payement leurs » denrées, souvent à dix, & quelquefois à » quinze pour cent au-dessus du cours.....

ventes (13) , qui en eût indiqué les raisons dans une espéce de compen-sation de torts ; & la dignité de son sujet , qu'il ne s'occupât point de ces petites tracasseries qui servent plûtôt

Il avoit dit aux pages 110. & 111. » Telle » est aujourd'hui la situation avantageuse des » habitans de la Martinique , qu'ils ne doivent » presque rien au commerce de France ; & » par cette même raison ils *tiennent constam-* » *ment la main au prix de leurs denrées* qui font » toujours plus cheres , proportion gardée , » avec les qualités , qu'à S. D. dont les habi- » tans doivent considérablement au commerce » de France .... Il faut (*à S. D.*) des escla- » ves pour cultiver les terres neuves ; les ha- » bitans qui les achetent ont des crédits , & » lorsque les échéances arrivent , il faut payer » en argent ou en denrées ; la nécessité de » vendre pour s'acquitter *fait ordinairement* » *baisser le prix de la denrée.* » On ne peut ni se démentir plus forméllement , ni peindre mieux la tyrannie du commerce.

(13) Il n'est point de lieu où le Négociant soit plus marchand , où les moyens qui entre-tiennent le préjugé dédaigneux du peuple con-tre le commerce soyent plus accumulées. Les vices dans les jauges , & les qualités des den-rées d'Europe font devenus irremédiables , malgré la Déclaration du Roi du premier Mars 1744 , qui est demeurée sans exécution réelle : ceci est une représaille que je confie comme en m'échappant à une courte notte...

à l'Histoire des Commerçans (14) qu'à celle du Commerce.

Il est inutile de relever les avantages du Commerce pour la gloire solide d'un Etat. Ils sont trop connus aujourd'hui ; & nous en sommes venus au point, graces aux excellens Ouvrages qui ont paru sur ces matieres, où un Auteur ne peut pas plus se donner un air profond en en citant la nécessité, que de la considération en exagérant celle qui est dûe aux Négocians. L'âge où nous sommes, rassasié des écarts de l'imagination, se prête mal à l'enthousiasme d'un Ecrivain, qui laissant tomber ses regards sur l'Académie des Sciences, & scandalisé de n'y trouver ni Pensionnaires, ni Adjoints Armateurs, attribue cette espéce de vuide Littéraire (15) au hasard qui n'avoit point permis à la *Science du Commerce Maritime* d'être connue en France lors de l'établissement de l'Académie en

---

(14) On aura occasion de voir dans les Discours 10 & 11 que les Commerçans sont le véritable objet de l'Auteur.

(15) V. la Pref. de l'*Essai sur les intérêts* &c.

1666. (16) Ce n'eſt, ſelon l'Auteur de l'*Eſſai*, qu'à titre d'aînées que la Géométrie, l'Aſtronomie, & la Méca-nique, ont enlevé tout l'héritage ; & quant à la filiation du Commerce avec les ſciences traſcendantes (17), il la prouve par l'équipement des vaiſſeaux

(16) Deux perſonnes diſcouroient ſur cette idée biſarre. L'un avança que le Négociant qui auroit le plus fait de voyages de long cours, n'auroit jamais fait de voyage ſi lointain que celui de l'Académie. L'autre, raiſonnant dans le ſyſtême de l'Auteur, trouva que les Négo-cians Académiciens feroïent les plus jettoniers de tous, par-là les plus exacts, par-là les plus utiles.

(17) Cet Auteur qui a pris à tâche de re-lever les Commerçans & de déprécier les Cul-tivateurs, me paroît tout-à-fait contradictoire avec ſa methode. Car indépendamment de la préférence dûe aux créateurs de ces fonds que les Négocians importent avec des conſidéra-tions ſi ſingulieres dans l'Etat, le Cultivateur a des prétentions toutes pareilles aux honneurs Académiques. Comme Phyſicien, il obſerve les tems des plantations ; comme Géometre, il les diviſe & les aligne ; comme Machiniſte, il préſide à la conſtruction de ſes moulins ; par l'hiſtoire naturelle, il perfectionne ſa culture & le ſoin de ſon bétail ; par la Chymie il cuit & extrait les ſucs précieux qui font ſa richeſſe ; par le génie de calcul il traite avec le Négociant

qui fuppofe dans le *Négociant Armateur* les connoiffances mécaniques de leur conftruction ; par le calcul raifonné de fes entreprifes , qui eft une déduction de la Géométrie ; & enfin par les voyages mêmes de fes vaiffeaux qui (indépendamment des profits) lui affurent l'honneur de l'Aftronomie néceffaire pour en diriger la route.

La protection eft dûe au Commerce, la confidération au Négociant : peut-être le premier de ces moyens fatisfait-il à tous les deux ; car en écartant le projet badin de chercher nos beaux efprits parmis les Négocians , & de donner à la pratique commune le prix des théories trafcendantes, propofera-t-on férieufement d'établir des honneurs pour le gain ? Dans le fiécle où nous vivons le gain n'eft que trop honorable. Laiffons ce préjugé utile aux particuliers ; mais gardons-nous de vouloir corrompre par nos confeils l'Etat qui doit, en récompenfant tous les fervices , conferver l'honneur

inférieur en vûes , à qui il les vend très-cher : certainement cette méthode peuple les Académies , mais elle dépeuple la terre,

pour la vertu. Ce n'eſt point le dégré de l'utilité qui décide des grandes conſidérations : c'eſt la nature même qui a établi dans l'eſprit des peuples des préférences que les Loix ne font que déclarer. Je ne parle point de la Hollande, où le Commerce n'eſt point dans l'Etat ; mais où l'Etat eſt dans le Commerce ; je m'arrête à cette Nation célébre par ſon humanité & par ſa politique. Penſe-t-on (19) qu'en Angleterre des conſidérations ſingulieres aillent chercher le Négociant utile ? Les honneurs municipaux des Villes appartiennent indiſtinctement, comme parmi nous, à tous les Citoyens ; mais c'eſt le mérite perſonnel, ce ſont les ſervices eſſentiels & *déſintéreſſés* (19)

(18) Remarquez ce qu'en dit un Auteur Anglois (M. Hume) ꞉꞉ *Dans la plûpart des* ꞉꞉ *pays de l'Europe la principale conſidération eſt* ꞉꞉ *dans la naiſſance : en Angleterre on a plus de* ꞉꞉ *conſidérations pour l'opulence préſente.* Ce qui attache les diſtinctions dans le premier cas plus à une raiſon particuliere, & dans le ſecond plus à des préjugés ſemblables à ceux qui entraînent nos égards vers les Financiers, dont la profeſſion eſt certainement moins utile que le commerce.

(19) Dans cette claſſe on peut ranger les

qui diftinguent par des honneurs de choix dans les deux Nations. L'Anglois, ainfi que le François, méprife les moyens mécaniques de s'enrichir ; ces imitations de la fraude, ces menfonges, ces circonventions qui multiplient les gains ; ces ufures déguifées fous le nom de négociations ; cette foupleffe intéreffée, cette petiteffe de génie qui décéle l'étendue de l'art de gagner. L'un & l'autre eftime les vûes, la franchife, la générofité, la conciliation du bien public & du bien particulier (20). Chez les deux Peuples

fervices de l'efprit tourné aux vûes fupérieures du commerce. Si nous devons en effet à des fils d'illuftres Négocians les Ouvrages qui ont paru cette année fur le commerce & la politique, les lauriers d'une Académie peuvent regarder des efprits académiques, les honneurs civils d'auffi dignes Citoyens. La gloire feroit injufte de fe refufer à des travaux qui manqueroient de récompenfe, fi elle leur manquoit en effet.

(20) *» L'on ne doit eftimer celui qui s'appli- » que à cette profeffion (dit un Auteur Anglois » cité dans la Préface de la Traduction des » Ouvrages de M. Hume) qu'autant que par » fon expérience & fa probité, il fait enforte que » fon profit particulier ne foit jamais féparé de » celui de l'Etat.*

la Nobleſſe *utile* s'acquiert & ſe con-
ſerve dans le Commerce ; les Miniſtres
accueillent & conſultent (quelquefois
même avec danger) (21) le Négociant , & l'économie ſeule le prive
de l'éclat peu déſirable , attaché au
luxe de la Finance. Pourquoi vouloir
multiplier les appas où un ſuffit évi-
damment ? Le Commerce eſt un inſtrument de la Puiſſance qui ne doit
point s'abbaiſſer pour lui : une Monarchie auſſi ſublime par ſa nature que
la nôtre , n'eſt point un Etat mar-

(21) Il eſt ſingulier qu'un Anglois con-
noiſſe mieux les beſoins de notre Conſtitution
que nous-mêmes. C'eſt M. Hume qui parle
dans la Traduction : ›› *Ou l'on reſpecte la naiſ-*
›› *ſance des Eſprits nonchalans & que rien ne peut*
›› *exciter , demeurent dans une orgueilleuſe indo-*
›› *lence & ne s'occupent que de leurs titres & de*
›› *leurs généalogies , tandis que les eſprits gé-*
›› *néreux cherchent les honneurs & le commande-*
›› *ment , &c. Ou les richeſſes ſont la principale*
›› *idole, la corruption, la vénalité & la rapine*
›› *prévalent ; mais d'un autre côté les arts , les ma-*
›› *nufactures , le commerce & l'agriculture fleu-*
›› *riſſent. Le premier préjudice étant favorable à*
›› *la vertu militaire , eſt plus fait pour les Monar-*
›› *chies ; l'autre étant le principal éperon de l'in-*
›› *duſtrie , convient mieux à l'État Républicain.*

chand

chand (22). Nous pourrons faire, en
refufant ce dernier titre quelques fautes
contre un Commerce univerfel ; nous
n'en ferons point contre la conftitution. Graces à la mode, l'idolâtrie où
nous nous trouvons fubitement tom-
bés pour le Commerce, nous porte
prefque à regarder un ordre de citoyens
comme fes Miniftres fecrets : mais ne
prodiguons point les honneurs à ceux
qu'ils n'encourageroient qu'à en rechercher de plus grands hors de leur
profeffion (23) ; à ceux mêmes qui ne

(22) Les Ouvrages Anglois font remplis
de plaintes fur les fauffes opérations où l'intérêt des Commerçans particuliers jette le commerce, fur celles fur-tout des Compagnies ex-
clufives.

(23) Il feroit à fouhaiter que, réduifant à
des termes moins vagues les confidérations que
les bons Citoyens jugent utiles pour le commerce, on ne nous dit pas toujours (Pref. des
Difc. de M. Hume) » *Pourquoi ne pas attacher*
» *à un état fi refpectable des honneurs qu'on ne*
» *refufe pas à d'autres profeffions infiniment moins*
» *utiles à la Société ?* » Car il en faut toujours
revenir à demander, *quels honneurs doit-on*
accorder aux Commerçans ? Où font ceux qu'on
accorde aux profeffions moins utiles ? Ceci ne
peut regarder que la finance qui ne forme point
dans la Société un état à part. Si c'eft la No-

les demandent pas. La Nobleſſe doit aller chercher les Dugués, les P...]

bleſſe qu'on a en vûe, & qu'on regarde com-me une diſtinction propre à encourager le commerce, je veux avoir le courage de traiter cette queſtion qu'on élude ordinairement. Je conviens premierement qu'où la Nobleſſe ſe-roit un titre purement Patricien tel qu'il étoit dans Rome naiſſante, les Commerçans pour-roient être fixés dans leur profeſſion par un pa-reil titre ; mais non où la Nobleſſe a mille dé-grés dont la plûpart ſont fondés ſur des uſages perſonnels, étrangers & même répugnans aux uſages du commerce, & le plus infranchiſſa-ble de tous ſur l'ancienneté ; où il y a enfin, en quelque maniere, des familles Prétorien-nes, des Conſulaires : car alors l'ambition qui regarde toujours au-deſſus d'elle, affecte la Préture & le Conſulat. La vanité, dit-on, eſt un mobile auſſi puiſſant que l'intérêt ; je le crois, lorſque l'intérêt n'eſt point connu ; je ne le crois pas dans le cas contraire, qui eſt celui du commerce. La vanité eſt légere, dé-penſiere, oiſive : l'intérêt eſt réfléchi, éconô-me, laborieux ; il eſt de ſa nature le précep-teur des autres paſſions, & dans ſon in-compatibilité avec la vanité, il doit être le plus puiſſant. Si dans le commerce d'argent des Financiers ces mobiles s'aſſocient, c'eſt que l'intérêt y peut être oiſif & prodigue, par la malheureuſe facilité du gain.

Une ſeconde réflexion eſt que l'émulation qui naît de l'élévation momentanée & ſuc-

les.... &c. ; les priviléges, les Pagn....
les R.... les V.... ; les Compagnies,
(encouragement si hasardeux du faux
zéle) lorsque l'Etat est trompé par les
projets, ceux qui les demandent. J'ai
connu des Négocians d'un génie élevé & d'un ordre peu commun de citoyens : quand la nature les honoroit,
je ne les ai point vu souhaiter |les faus-
ses considérations. Je les ai vû même
craindre celles qui s'attachoient à des

cessive est très-favorable au commerce, &
entiérement dans l'esprit de notre Constitution. Le fils du Négociant en quittant la profession de son pere, perpétue l'attrait qui a dirigé les vûes du pere ; il fait place souvent à un,
plus souvent à deux Commis sortis des professions inférieures qui partagent ses correspon-
dances, & ensuite les multiplient. Il remplace
lui-même des familles nobles éteintes ; il soutient le luxe des riches devenus indigens. L'humanité même, blessée de la trop grande inégalité des rangs dans les Monarchies, semble ré-
tablie par cette circulation des Citoyens dans
tous les états de la Société, avec les ména-
gemens qu'exige la Constitution. Si depuis cent
ans seulement tous les hommes étoient restés
immobiles dans leurs différentes professions,
on seroit peut-être aujourd'hui surpris de les
trouver toutes vuides. Cette considération répond à toutes les objections.

B ij

Négocians particuliers, comme propres à établir leur tirannie fur les autres. Selon eux, le crédit féparé de
la protection générale du Commerce,
entre les mains de ceux dont la profeffion a pour objet l'intérêt, devenoit
d'abord un fond particulier dont on
cherchoit à multiplier les profits. Ces
Negocians fenfés convenoient que la
plûpart des Armateurs étoient citoyens
comme ils devoient l'être, Agens mécaniques du bien de l'Etat. Les honneurs qu'ils fouhaitoient étoient toujours économiques (24) & fe rédui-
foient à la protection. Lever les épines des Bureaux de Traites, perfectionner les Amirautés, ôter à la Marine du Roi la maxime barbare de *fup-
plicier*, & peut-être de juger les enfans
de famille qui commandent leurs vaiffeaux, c'étoit-là tout le cercle de leurs
efpérances.

(24) Le commerce eft la fcience des profits
particuliers, d'où réfulte le profit général ; la
Nobleffe eft l'exercice des honneurs particuliers, d'où réfulte la dignité générale de l'E-
tat. Dans l'un de ces états les profits doivent
être même honorables : dans l'autre les honneurs mêmes doivent être des profits. Je crois
par-là le problême réfolu.

Je sçais que dans les objets utiles les hommes se gouvernent par l'illusion. Semblables à un ressort trop long-tems plié sur un côté qu'on ne peut redresser qu'en le pliant avec effort sur l'autre, nous cherchons à produire un encouragement nécessaire pour des arts nobles & utiles par les fausses considérations que les ouvrages politiques y attachent. Il semble sur-tout aux Ecrivains récens que le Ministere ne puisse agir que par une espéce d'enchantement. J'eusse, sans examiner les moyens, pû respecter le but ; mais sous cet aspect même, peut-être est-il avantageux que d'autres citoyens agissent pour les mêmes fins par des moyens opposés, & tentent par le choc de la contradiction d'amener les esprits à un sage milieu. Ayant d'ailleurs entrepris de traiter d'une Colonie, elle-même un des plus précieux objets de commerce, je suis dans le cas d'une légitime défense, & je ne puis me dispenser de relever ce systême insidieux de considérations destiné à conduire le Ministere à la protection absolue que j'ai dit être le but secret des Négocians les plus ambitieux ; protection qui rapprochée du

B iij

tableau infidéle des difpofitions des débiteurs de la Colonie, iroit à fa dépreffion. Cet Auteur, plus politique,
en traitant du Commerce fous un point
de vûe général, y auroit renfermé les
cultivateurs mêmes comme manufacturiers, & eût cherché fagement à établir la balance entre ces différentes branches. Il n'eût pas divifé & armé contre
lui-même le Commerce national, en
fubordonnant dans fes *Confidérations*
celui des noirs pour l'achat defquels il
reproche aux cultivateurs d'être paf-
fionnés, (25) à celui des befoins & du

(25) *Les ventes*, dit l'Auteur de l'Effai p.
118, ,, *fe font plus lentement d S. D. qu'à la*
,, *Martinique* (& entre plufieurs raifons qu'il
,, en donne) *les débiteurs fe preffent moins de*
,, *payer, & donnent volontiers la préférence de*
,, *l'emploi de leurs fonds à l'acquifition des Ne-*
,, *gres.* ,, Si l'Auteur a en vûe le commerce
en général, ces Negres ne font-ils pas des objets de vente ? & cette préférence donnée n'eft-
elle pas un payement ?

Il dit ailleurs page 119, ,, *Ces habitans ne fe*
,, *font point fcrupule d'encourager le commerce*
,, *clandeftin des Anglois, dont ils achetent les*
,, *Negres un tiers meilleur marché.* ,, Si ce trait
eft vrai, on fent le moyen naturel qu'a le commerce national qui achete les Negres en Gui-

luxe, & par-là un objet égal à un objet
égal (26). C'eſt à la ſuite de cet éton-
nement où l'on veut jetter ceux qui

née à peu près au même prix, de réduire la
fraude.

Non content de réaliſer la chimere du commerce étranger, du moins en le généraliſant ;
(chimere démontrée par la progreſſion du prix
des Noirs des vaiſſeaux nationaux de 1100
livres où ils étoient en 1750, à 1600 livres où
on les a vus en 1752) il ſe prête, page 84,
à une calomnie ridicule contre les Chefs mêmes de S. D. Les Anglois y ont, ſelon lui,
introduit en 1753 trois à quatre mille Negres,
par la ſuite d'une tolérance dont il jette le ſoupçon, & qu'il qualifie de brigandage (terme
ſans doute expreſſif). Il eſt facile de démontrer
par le calcul que le nombre de quatre mille Negres d'âge mûr, tels que le portent les interlop-
pes, font à cinq pour cent environ le remplace-
cement à S. D. En en ſuppoſant quatre autres
mille du même âge, néceſſaires pour l'augmentation des Fabriques, qui doubleroient
ainſi en vingt années, la ſupputation eſt exagérée ; & cependant il ſe trouveroit que huit
mille Noirs d'âge fait tranſportés par les Commerçans nationaux en 1753, avec une diminution de moitié dans la concurrence, c'eſt-
à-dire une fois plus qu'il n'en faut avec une
fois moins de demande, auroient été portés à
un tiers en ſus de leur valeur de 1750. Je laiſſe
les conſéquences a tirer.

(26) Les denrées de la Colonie en 1742

ont en main la puiſſance que l'on indique en faveur des Marchands des réglemens impraticables, ou néceſſairement onéreux aux cultivateurs ; que l'on donne le conſeil coupable de compagnies excluſives (27) qui ne peuvent jamais rendre à l'Etat ce qu'elles

montoient à dix-huit ou vingt millions, prix moyen. Le prix de huit mille noirs d'âge mûr importés chaque année, qui en ſuppoſe douze mille de tout âge, ne peut être moindre de douze à treize millions. Ce calcul établit même une préférence pour le commerce des Noirs, utile dans ſa valeur même, utile dans l'augmentation des valeurs qu'il procure.

(27) Tout le commerce ſe réduira aux Compagnies excluſives, ſelon l'Auteur. Il en propoſe trois, pages 91, 132, 139 ; & ſurtout celle de la page 132 ſur le ton le plus ſingulier, qui, bien analyſé, fait connoître l'eſprit de pareilles demandes ; mais en dédommagement il ſacrifie la Compagnie des Indes, la moins dangereuſe de toutes par l'influence directe du Gouvernement, & ſon uſage qui la deſtine au maintien des établiſſemens qu'il faut défendre. Jamais économie ne fut plus ſage que celle qui aſſura d'abord le Sénégal à la Nation par des fortereſſes & des vaiſſeaux, & qui enſuite, à meſure que les Commerçans ont pû voler de leurs propres aîles, leur ont peu-à-peu diſtribué les côtes. Les Directeurs inſenſés trouveront le Sénégal coûteux à la

lui ôtent ; que fapant les rafineries des Colonies que le bien public demande qu'on encourage , l'on facrifie le Commerce même nationnal aux Rafineurs Marchands particuliers , & les Manufacturiers les moins utiles au Royaume (28) ; que fouvent enfin dans le fecret du cabinet , des Négocians autorifés furprennent à la faveur de ces préventions populaires des ordres rigoureux (29) contre les débiteurs , qui outrent la juftice , en reftant toujours au-deffous de celle que les Créanciers exigent.

Compagnie , mais non à charge au commerce : & quant aux gens fenfés parmi le peuple , ils fouhaiteront tous qu'un hydre politique n'ait qu'une tête.

(28) Voyez le Difcours 14.

(29) L'économie du Gouvernement embraffe la totalité des Commerçans Créanciers & des Colons débiteurs : de fon côté la Juftice particuliere ne fait point d'acception. En fuppofant que les délais multipliés des payemens de la part de ces derniers viennent d'une caufe momentanée qui obere la Colonie , rien n'eft moins judicieux ni moins jufte que de faire payer un Négociant par préférence à un autre. Chacun pouvant craindre de n'être point préféré , un pareil crédit , s'il eft difficile à acq

Je me réserve de détruire ailleurs (30) tous les nuages qu'on veut élever dans cet ouvrage contre la multiplication des rafineries & des manufactures d'eau-de-vie des Colonies : la partialité qui y regne n'est que trop commune à tous les écrits, à tous les projets, ou l'agriculture & l'industrie ne font pas enveloppés dans l'idée générale du commerce. Faute de cette généralisation les manufactures les plus utiles feront souvent les plus dangereuses ; les traites les plus étendues, les moins défirables ; les moyens les plus préfens, les moins conformes au but. La finance, le commerce intérieur, l'extérieur, toutes les fubdivifions de ces fils qui tendent au centre, fe mêleront dans un Etat dangereux de tenfion, & ne laifferont quelquefois à une main habile que la reffource de trancher les uns pour dégager les autres. Combien l'Auteur de l'*Effai*, revenu de la ferveur d'Ecrivain, (car je lui rends la juftice de croire

quérir, détruit la protection générale du commerce : s'il est commun ou général, dans notre fuppofition, il devient évidemment inutile.

(30) Voyez le Difcours 14 déja cité.

qu'il a été trompé) fera-t'il furpris de
pouvoir pefer ici en Lecteur définté-
reffé de fon propre ouvrage les termes
inouis de fa conclufion fur les rafineries dont voici l'extrait. » Tous les
» Habitans de la Martinique qui tra-
» vaillent en fucre, ont des rafineries :
» il feroit difficile, peut-être même
» dangereux, de les obliger à le fuppri-
» mer. Il n'en eft pas de même des Ha-
» bitans de S. D. Si l'on réduifoit le
» Rafineur à ne faire que du fucre brut,
» on remettroit par-là une forte *d'éga-*
» *lité* entre les habitans au grand con-
» tentement du plus *grand nombre*, qui
» n'étant pas affez riches pour avoir
» des Rafineries, *voyent d'un œil jaloux*
» *ceux qui en ont* .... Au furplus on *ne*
» *doit point craindre* qu'un femblable
» réglement occafionnât une fenfation
» dangereufe, attendu que les Rafineries
» appartiennent en grande partie à des
» habitans, qui ayant confié la régie
» de leurs biens à des Receveurs, ou
» des Economes, font venus fe fixer
» en France pour y jouir de leur for-
» tune, & que la plûpart des autres,
» qui reftent fur leurs habitations, ont
» leurs enfans élevés dans les Colléges

» de Paris ou des villes de Provinces,
» que l'on pourroit regarder comme
» des ôtages de l'obéiſſance & de la
» fidélité de leurs parens.

Sans différence de motifs juſtes, établir une différence de conduite dans le
Miniſtere entre la Martinique & S. D.
fondée ſur un danger chimérique d'é-
motion dans la premiere de ces Colonies que cet Ecrivain récompenſe ; par
une conſéquence néceſſaire propoſer
le châtiment de la ſoumiſſion même
de la Colonie de S. D. faire enviſager
une eſpéce de juſtice dans l'égalité ridicule de fortune qui ſe trouveroit entre les habitans , égalité deſtructrice
de l'émulation (31) & guéres plus
propoſable que celle qu'on voudroit
mettre entre tous les Commerçans,
tous les Manufacturiers , & tous les
Ecrivains politiques ; vouloir d'une envie auſſi chimérique qu'elle eſt baſſe
& digne de ceux qui ont cru la remarquer , faire une raiſon d'Etat ; dans
un ſiécle éclairé , ſous le Gouverne-

(31) L'émulation en tout genre, celle de
gloire, celle d'état, celle de fortune, a fondé
& fonde perpétuellement les Colonies.

ment du meilleur des Princes, propofer pour une opération commune de commerce, des fûretés contre un peuple fidéle ; élever entre la Colonie & la Nation une barriere capable d'écarter de fon fein les confommateurs, de faire difparoître les ôtages ; penfer, dire, imprimer ce qui pouvoit être l'objet des mémoires fecrets d'un adulateur burfal dans les oppreffions fi fréquentes des Villes Grecques, fous un Denis, un Pififtrate ; ce font des excès dans des ouvrages politiques qui n'ont jamais été imaginés. Il faut que l'Auteur ait cru qu'il ne fe trouveroit point de vangeur de la fidélité & du droit des gens d'une Colonie, ou qu'il gémiffe aujourd'hui du talent malheureux des Négocians qui l'ont perfuadé.

J'en viens à mon deffein. Le Gouvernement des Colonies n'a point eu d'affiete depuis fa naiffance. Ceux qui en ont cherché les principes pour fonder une fage légiflation, dans cette variété perpétuelle de révolutions qu'ont effuyées fa culture, fon commerce, fa population, ont été obligés en en attendant la découverte du tems, de gouverner eux-mêmes, c'eft-à-dire , arbitrairement, & suivant leurs talens, on les a vûs durs ou populaires, utiles ou dangereux. Ce Gouvernement ne tient à l'arbitraire que par une maxime commune de politique qui n'a point permis sur les lieux de se départir de ce qui étoit établi, ni au Ministere d'innover dans des choses inconnues. Le commandement y est dur, la soumission impérieuse ; tout se décide par le moment, & pour les personnes ; même esprit d'indépendance dans le pouvoir & l'obéissance. C'est visiblement le tableau du Gouvernement propre aux Flibustiers, fondateurs des Colonies, qui s'est conservé dans une population civile : d'où il résulte que le Gouvernement présent n'est que la suite d'une inertie dans le principe politique qui se repose sur les anciens fondemens.

Dans ces obscurités la carriere a été sans doute toujours ouverte aux vrais Citoyens ; mais le tems est, ce me semble, plus particulierement arrivé de mettre des peuplades illustres où circule aujourd'hui le sang de plusieurs familles nobles vengées de l'indigence par la fertilité du terroir, l'a-

&zyle des talens inutiles ailleurs ou des malheurs qui viennent s'y perdre dans le courant de la fortune publique, hors d'atteinte de l'insulte des mémoires secrets des Négocians qui les peignent indécemment sous l'aspect de vassaux, simples Fermiers du Commerce, & des récits intéressés des Chefs, jaloux de la puissance, qui imaginent l'inquiétude dans le sein même du repos & de l'affection; de faire enfin rentrer les Colonies dans la circulation politique des Loix nationales.

Toutes les circonstances se sont déclarées à la fois. Je n'ose me compter & parler du dessein que j'ai formé de publier les réflexions d'un grand nombre d'années. Qui n'est pas né sensible au sort de l'humanité, au bien du moins de ceux qui l'environnent! S'il est doux d'être Citoyen, quels mouvemens ai-je dû éprouver ayant le bonheur par la naissance & l'éducation de connoître deux patries, & de joindre dans mes affections celle d'adoption à une plus générale? Dans cette année célébre (32) par le bien

(32) Ceci s'écrivoit en 1754.

fait des écrits les plus utiles sur le Commerce & la politique, comment se dérober à la rapidité du mouvement imprimé par l'invitation muete d'un Ministere éclairé, espéce d'attraction politique si propre à la régénération de toutes les parties de l'Etat ? Comment résister à l'impulsion qui porte un Citoyen à accroître le trésor public de peu sans doute, mais de tout ce qu'il tient, soit de l'art, soit de la nature ? Dans cette cotisation générale de talens, l'on apporte les grands principes, les découvertes, les réflexions, les calculs, les imitations, les traductions : j'y apporte un grand dessein, une exécution utile, fût-elle même imparfaite, le courage & l'exemple. Dans les Colonies un homme est né, a eu des espérances hardies aux yeux du vulgaire ; mais en effet dignes seulement de son grand cœur, de ses talens, du génie qui semble le partage de son sang, & est sur le point de les voir réaliser : esprit dont l'étendue est déguisée sous l'air d'agrément, propre à gagner les yeux, les oreilles, le cœur, tous les sens, tous les sentimens ; qui à peine

défiré par les vœux d'un peuple af-
foupi par les abus, fera peut-être cru
dangereux, ne fera en effet qu'utile
dans fon fiécle ; mais fera grand dans
la mémoire des Colonies, s'il n'eft
pas corrompu par le pouvoir.

Dans l'Europe enfin un Miniftre s'é-
léve ; & quel Miniftre ! Comme l'or,
colorant, pénétrant les métaux communs dans la filiere, enrichiffant chaque partie d'adminiftration par lui-
même, & fans fonds étrangers ; porté
dans toutes les places pour les *vivifier ;*
Miniftre général dans des minifteres
particuliers ; mais connoiffant four-
tout & aimant cette juftice privée,
fouvent bleffée par une juftice générale qui trompe le politique ordinaire.
Ce ne doit pas être fans doute fans
fuccès pour l'affermiffement de nos
Colonies, & fans accroiffement pour
fa propre gloire, qu'un grand Roi l'a
été dans fes récompenfes, & a joint
au Miniftere qu'il occupe une des premieres places de la Juftice du Royaume. Dans l'idée élevée que j'ai de la
Juftice, dont je regarde l'établiffement à S. D. comme un des princi-
paux, & prefque l'unique point de ré-

formation, que les vrais Citoyens doivent envifager avec tranfport la confervation d'un titre éminent qui l'o-
blige à être jufte ; & les Colonies fe fe-
liciter de la réunion de tant de fonctions diverfes dans l'intérieur qui lui
permettent de pouvoir ce qu'il doit
vouloir ! Sans doute leurs vœux n'ont
plus qu'un objet, la durée même de la vie
de leur bienfaiteur, & la perpétuité d'un
miniftere ! Qui affurera l'exécution de
fes plus longs projets ; qui fera un monument de fa juftice ; & qui en lui rendant néceffaire l'amour des Peuples ,
devenu un héritage pour fon fuccef-
feur , lui doit fans doute infpirer plus
d'amour pour les peuples mêmes.

Quant à la maniere de traiter mon
fujet , elle eft au-deffous du fujet même.
Ce n'eft pas un médiocre deffein que
celui de parler d'une Colonie. Chofes
nouvelles ; vûes oppofées aux idées
qu'on a toujours conçûes d'une forme
d'adminiftration ; vérités hardies, de
quelques couleurs dont le refpect veuille
les adoucir ; néceffité de déchirer un
voile que la fatalité, plus que l'art &
le deffein, a de tout tems tenu tendu
fur l'obfcurité déja profonde d'une Co-

Ionie ; tout eſt entrave , tout eſt piege.
J'ai ſenti toute la grandeur de mon projet ; mais ayant eu la force de le concevoir , j'aurai celle de l'expoſer. Je
connois d'ailleurs mes avantages ; je
ſens toute la valeur des circonſtances
qui me fourniſſent & le vrai à dire , &
un Miniſtre fait pour l'entendre , & je
ſçaurai bien profiter du tems qui me
permet d'écrire ſous un grand homme.

Mon projet eſt de peindre en peu
de mots la ſituation réelle du gouvernement de S. D. ſes vices , leurs remedes. Je tâcherai de découvrir les
ſources de l'imperfection de cette Colonie , les reſſources de ſa conſtitution.
J'établirai ſur des fondemens certains
les fins de ſes établiſſemens , les moyens
de ſa défenſe , la nature de ſon commerce & de ſa population. Laiſſant au
zéle de pluſieurs à conſommer cet Ouvrage important par des projets de détail ſur chaque objet , lorſque le Miniſtre daignera en ouvrir la carriere ,
je n'offrirai qu'un tableau général. J'o-
ferai enfin être Citoyen ſans crainte ,
ſans eſpérance , avec la ſimplicité & la
fermeté dignes d'une telle entrepriſe.

Il me reſte à dire un mot de l'éclat

que je donne à un ouvrage sûr les Colonies qui semblent être pour la direction sous une espéce de voile politique. Si le caractere de l'impression dont il est revêtu paroît être la violation du secret destiné à ces matieres délicates du droit public, la raison que j'en ai eue me justifie. J'ai cru que la publicité seroit aussi utile que l'Ouvrage, & qu'il ne pouvoit même avoir de valeur que par elle. Elle le soumet aux recherches de ceux qui voudront considérer les objets sous d'autres faces, à l'aveu ou la contradiction des faits & des principes qu'on ne peut attendre des mémoires ordinaires : elle va sonder le cœur des diverses Puissances des Colonies, & y développer des sources abondantes de vûes pour le bien public. Elle semble appeller toutes les conditions à un effort commun ; ouvre une nouvelle voye de vérifier les mémoires en n'en souffrant point qu'on ne puisse contester, & distingue l'écrit d'un Citoyen de l'amas impur d'anecdotes, dont tant de lâches Ecrivains dans les Colonies, souillent dans le secret des Lettres, la mémoire & les meilleures vûes des Chefs & des Magistrats.

AVERTISSEMENT.

UNE personne de mérite à qui je lus mes deux premiers Discours, me dit :

» J'ai une question à vous faire & » un conseil à vous donner. J'ai, con- » tinua-t'il, quelque connoissance de » l'histoire : je ne trouve aucune Co- » lonie (33) des Anciens gouvernée » sur le plan de nos Colonies cultivées ;

(33) Les Colonies des Romains se faisoient ou pour récompenser les soldats par le partage des terres, ou dans la vûe de s'affection- ner & de s'assujettir des peuples nouvellement conquis, par l'inspection d'une ville formée par des Citoyens sur leur territoire. Ces Colo- nies ne pouvoient s'établir qu'avec le Gou- vernement de la cité même, parce que des hommes libres n'eussent pû, ni voulu, chan- ger de lieu, s'ils avoient changé de mœurs ou de loix.

Les Colonies des Carthaginois destinées à étendre le commerce, se réduisoient à des Villes de comptoir telles que celles de nos Compagnies des Indes, dont les habitans, sol- dats ou Commis soudoyés, sont dans la dépen- dance du Chef du Comptoir.

» j'en trouve l'exemple seulement chez
» les Modernes. C'eſt à Veniſe, & lorſ-
» qu'elle poſſédoit en même tems la
» Candie & l'Iſtrie. Dans quel cas ſont
» les Colonies Françoiſes ? Eſt-ce dans
» le cas de l'Iſtrie (34) ? Eſt-ce dans
» celui de la Candie (35) ? Ou dans
» quelle eſpéce de Gouvernement plus

Mais des Colonies devenues Provinces de
l'Etat même, en même tems qu'elles demeurent objets particuliers de commerce & qu'elles ſont ſoumiſes à une culture ſinguliere, ſup-
poſent une combinaiſon de gouvernement inconnue à l'antiquité.

(34) *S'il eſt queſtion ici des ſujets du domaine
maritime, nous n'aurons pas de longues ſpéculations à faire. Il ſuffit de ſe montrer équitables envers eux en leur procurant de bons repréſentans,
& en cela on ne ſçauroit uſer de trop de vigilance ; car d'ailleurs tant que la juſtice ne leur
manquera point, ils ne ſongeront jamais à changer de maîtres. Pour ce petit nombre de ſujets de
l'Iſtrie, leur condition ne ſçauroit cauſer d'ombrage ; & ils ſont d'ailleurs aſſez affectionnés à
la République ; ainſi il ne faut point de politique,
& la prudence ordinaire ſuffit ſans y mêler aucun
artifice. (Prince de Frapaolo. art. 2.).*

(35) *» Pour les ſujets Grecs du Royaume de
» Candie, &c. il faut veiller ſur eux avec plus de
» ſoin, & les garder avec la même précaution
» qu'on garde les bêtes féroces..... Le moyen
» le plus ſûr de s'en garantir eſt d'avoir chez eux*

„ ou moins favorable, doivent-elles
„ être rangées ? „ Je lui répondis qu'à
considérer l'affection pour le Prince &
le génie des Peuples, nos Colonies
étoient dans le cas de l'Iſtrie ; qu'elles
étoient pour le Gouvernement, en
beaucoup de choſes, dans celui de
Candie : & quant à la méthode de
gouverner, que celle dont les Vénitiens
uſoient pour leurs ſujets de Breſce,
Crême & Vicence (36), plus douce &

» de fortes garniſons, de prendre à tâche de les
» humilier, &c.... Il faut réſerver l'humanité
» pour de meilleures occaſions ... Les Citoyens
» tranſplantés en Candie ſont eux-mêmes deve-
» nus ſauvages. Pour ce qui eſt des prétendues
» Juriſdictions qu'ils s'attribuent, toutes les fois
» qu'il ſe préſentera un prétexte plauſible d'y
» porter atteinte, je conſeille d'en profiter : enfin
» il faut avoir devant les yeux qu'on a obtenu
» tout le bien qu'on en eſpéroit, qui eſt d'être
» maître du pays. (ibidem.)

(36) » On doit diſtinguer ceux qui, par un
» ancien penchant ſe ſont montrés affectionnés à
» la République, comme les habitans de Breſce
» &c. Il faut les favoriſer pour montrer le dif-
» cernement & l'eſtime qu'on fait de cet attache-
» ment héréditaire ....., qu'on puniſſe avec une
» extrême rigueur les vexations exercées ſur les
» peuples, afin qu'ils s'affectionnent au Gou-
» vernement, ſe voyant protégés d'une façon ſe

plus humaine , étoit celle qui sembloit le plus dans la nature des choses.

Pour le Conseil, cette personne avoit eu besoin dans le cours de la lecture de me faire beaucoup d'autres questions sur les prérogatives précises des Chefs des Colonies, qu'elle supposoit pouvoir m'être faites par les gens les plus instruits en Europe, qui rarement le sont des détails des mœurs des Colonies si différentes des Nationales ; & son conseil se réduisoit à éviter la multiplication des petites notes dans le cours de l'Ouvrage , & à donner dans un Avertissement un court éclaircisse-

» *particuliere. S'il y a quelque riche héritiere* »
» *qu'on cherche par toutes sortes d'insinuations à* »
» *la marier à un Noble Vénitien ; & cela à* »
» *deux fins. La premiere , d'enrichir la Capi-* »
» *tale, la seconde d'appauvrir la Province ....* »
» *que les impôts ne nuisent point à l'abondance,* »
» *qu'on s'informe des impôts que payent les* »
» *peuples voisins , & qu'on fasse ensorte que les* »
» *sujets de l'Etat de Venise soyent un peu moins* »
» *chargés que les premiers ... Qu'on abandonnne* »
» *aux Citoyens de chaque Ville les Prélatures* »
» *& Bénéfices de leur Eglise. &c.* (ibidem.) » On ne peut trouver de modéle d'un gouvernement contraint, plus juste & plus modéré.

ment

ment fur cet objet. Je me rends à un avis auffi fenfé.

I.

Le Gouverneur général de S. D. ordinairement Capitaine de Vaiffeau, y commande feul les armes ; en cette qualité il fait exécuter le fervice aux troupes réglées, tel qu'il eft fixé par les Ordonnances ; & en prefcrit un aux habitans du lieu qui font *claffés* en Compagnies, tel qu'il lui femble bon. En tems de guerre il leur ordonne à fon gré les corvées réelles ou perfonnelles ; les gardes ; fouvent des marches à 100 lieues de leur féjour, foit en forme de fecours pour défendre, foit en corps de troupes pour conquérir (37). En tems de paix il détermine les revues, appaife les querelles ; maintient l'obéiffance qui lui eft dûe, & aux Commandans fous lui ; & foit comme Juge du point

(57) En 1740 un corps de Martiniquois embarqués pour la conquête de S. Vincent, Ifle dans leur voifinage, fut par un changement fubit de réfolution, conduit à S. D. par l'Efcadre de M. le Marquis d'Antin pour une entreprife qui n'a jamais été divulguée.

C

d'honneur, foit comme dépofitaire de l'ufage à cet égard, il connoît, ou donne connoiffance aux Commandans, quand il veut, des dettes même civiles & confulaires ; mande auprès de lui pour cet effet ; ordonne la prifon ou le cachot, & fait payer : toutes ces chofes raffemblées forment ce qu'on nomme le fervice militaire.

II.

L'Intendant, comme Chef de la Juftice, difpofe de l'emploi des finances de l'Ifle qui font (38) municipales, & préfide aux deux Confeils. Il a le droit de s'attribuer la connoiffance de toutes fortes d'affaires civiles & criminelles , par prévention aux premiers Juges ; ou de fe les évoquer, lorfque les Tribunaux, même Souverains , en font faifis. Il forme pour ces Jugemens des commiffions de fix Confeillers & du Procureur Général , les mêmes ordinairement que ceux avec lefquels il eût jugé l'affaire dans le Confeil, s'il ne fe la fût point

(38) Voyez l e préambule de l'Edit pour l'établiffement de l'Octroi en 1714.

évoquée, (car c'est toujours dans le tems de la séance ordinaire de justice, qu'il tient cette assise).

Il nomme les Receveurs des droits de justice, comme aubaines, épaves, &c. Ceux des droits publics auxquels les Conseils ont négligé de pourvoir d'abord, comme les Receveurs particuliers du droit de deux pour cent, les Notaires & les *Huissiers*.

III.

Le Gouverneur général & l'Intendant donnent en commun les concessions des terres nouvelles, & jugent toutes les affaires qui concernent les propriétés originaires de ces terres, c'est-à-dire toutes les difficultés qui naissent de la concurrence des concessions depuis la naissance de la Colonie. Ils ont pour l'examen & l'instruction de ces procès un Secrétaire commun qui en est le Rapporteur, rédige & *garde* les minutes de ces jugemens sous le nom de Greffier de l'Intendance.

D'eux émanent les Ordonnances générales de police, qu'ils font quelquefois enregistrer dans les Conseils. Ils en font auffi fur les matieres civiles qu'ils foumettent toujours à cette formalité, après s'être affurés, autant qu'ils le peuvent, d'un enregiftrement fans contradiction.

Ils nomment enfemble dans chaque Confeil quatre Affeffeurs & tous les Juges des Tribunaux particuliers pendant les *interim* ; ces Affeffeurs font fans voix délibérative ; leurs commiffions ne font que pour trois ans, & elles font ordinairement répétées jufqu'à l'obtention des provifions de Confeillers titulaires.

Ils créent auffi *ex officio* les Avocats qui plaident aux différens Tribunaux, même au leur, fous le titre de Procureurs (39).

I V.

Il y a deux Confeils Souverains établis pour juger en dernier reffort les appels des Sénéchauffées & Amirautés, l'un au Cap, l'autre au petit Goave. Ce dernier fuit la demeure du Gouver-

(39) Les Avocats des Parlemens, notamment ceux du Parlement de Paris, qui plaident librement partout, font obligés de folliciter ces commiffions.

neur général , & est actuellement au port au Prince. Chacun d'eux est composé du Gouverneur qui y a le fauteuil du Roi , de l'Intendant qui y préside (40) , de douze Conseillers brévetés , de quatre Assesseurs pourvûs de commissions triennales , d'un Procureur Général , d'un Gouverneur particulier , de deux Lieutenans de Roi & deux Majors de place alternatifs entre tous les Lieutenans de Roi & Majors du ressort , *& de tous les Commissaires de Marine* qui y ont entrée & séance avant le Doyen , lequel préside néanmoins en l'absence de l'Intendant.

Chaque Conseil n'a qu'une chambre pour les affaires civiles & criminelles ; mais dans chacun cinq Conseillers , en vertu d'un Brevet particulier , forment avec l'Intendant & le Procureur Général , une Chambre ardente pour juger les contraventions à l'Edit de 1727 , rendu sur le fait du commerce étranger.

(40) Le Gouverneur particulier du Cap , comme Lieutenant au Gouvernement général , & le Commissaire ordonnateur au moyen d'un brevet de premier Conseiller , représentent dans ce Conseil le Gouverneur général & l'Intendant qui en sont ordinairement éloignés.

Les Conseils ordonnent des octrois
& autres impofitions, par la conceffion
particuliere du Prince, & en nomment par délibération les Receveurs
généraux & particuliers.

Je crains, dans le deffein où je fuis
d'expofer les abus & les malheurs de
l'adminiftration des Colonies, de m'ê-
tre mis dans le cas de me répéter, &
d'avoir achevé mon Ouvrage avant de
le commencer.

PREMIER DISCOURS,

Sur le Service Militaire.

S. D. a deux Chefs, l'un *Militaire*, l'autre *Juge* par état : tous deux par le droit d'une attribution commune fur les titres originaires de propriété des terres, premiers Magiftrats de la Colonie ; & par l'exercice d'un pareil Tribunal fans *Loix fixes*, fondateurs d'un gouvernement arbitraire.

Si ces droits, déja grands, étoient étendus à d'autres cas, peut-être à tous ; fi on y en ajoutoit fans ceffe de nouveaux, & que le peuple des Colonies fût forcé à ne reconnoître d'autres bornes de l'*autorité*, que le *pouvoir*, ce feroit un abus. L'on prétend qu'il y en a des exemples : mais fans les avouer, il eft certain que le droit d'abufer de tous les droits, exifte néceffairement dans une Puiffance unique, qui ne connoît ni pouvoirs étrangers ni Loix.

Le premier de ces Chefs difpofe du fervice militaire. Les peuples des Colonies y font fujets par leur qualité de *Milices.* On fe plaint que ce titre qui doit faire mériter les diftinctions procure l'aviliffement ; que le fervice militaire ne fe borne point aux revûes & aux fonctions de cette nature ; que les Commandans étendent le refpect dû pour ce fervice à tous leurs ordres , & & leurs ordres à tous les cas ; que la dureté du ton s'ajoute à l'injuftice du commandement ; que fi les Officiers fe laiffent débaucher à un ton populaire , à des honnêtetés verbales, il eft rare qu'ils en donnent des preuves par écrit ; que leurs lettres & leurs ordres ne diftinguent ni état, ni perfonnes, ni fexe , & font des infultes ; que de cette dureté fe forme un levain dans les efprits , qui empoifonne les meilleures chofes , & qui ne leur permet plus de faire bien , même en faifant le néceffaire ; qu'ils faififfent les tems & les occafions de s'emparer de la juftice contentieufe ; qu'ils affectent tout enfin , hors leur profeffion : que cette autorité , déja déréglée , eft fans bornes dans le Chef militaire, lors même qu'il réprime leurs écarts ; qu'on en a vû plufieurs attenter par les armes fur leurs Collegues , ou par des compromis , sur leur honneur ; s'attribuer toute jurisdiction , écarter, dissiper les Juges ; faire taire les Tribunaux ; biffer des Arrêts ; mettre à prix , pour des intérêts d'une vengeance particuliere , des têtes qui ont succombé ; plaintes sans doute que les Gouvernemens qui ont suivi rendroient aujourd'hui odieuses , si l'on pouvoit être le maître de les faire dans les tems , & si la facilité de voir renouveller ces entreprises ne menaçoit pas les enfans de ceux qui se plaignent.

Le second de ces Chefs l'est de la Justice ; mais la plûpart des Intendans , opprimés eux-mêmes , n'ont pû la faire regner. Si par un événement contraire il arrivoit qu'ils fussent les oppresseurs , elle en regneroit encore moins. Le spectacle d'un glaive étranger dans la main de Themis fait disparoître la balance.

Toutes ces plaintes sont-elles justes ? elles le sont en elles-mêmes : elles ne le sont point , si l'on en fait des applications dangereuses au Gouvernement présent , qui , par un usage éclairé du pouvoir , a adouci ou rectifié quelques abus. Elles ne le sont point encore si l'on prétend en changer le but naturel, & en faire le fondement d'une réformation contraire à l'efprit du Gouvernement général.

Quel eft donc le but en les rapportant ? D'être vrai, & d'examiner ce qu'elles ont de réel ; en quel fens elles le font ; en quel autre on les préfente ; s'il y a des rémedes, & quels ils font. Les maux font adoucis, mais la maladie demeure : les tems, non les chofes, ont vifiblement changé. C'eft avec plaifir qu'on a l'intervalle de l'adminiftration actuelle à franchir ; mais on rappelle le paffé pour l'appliquer à l'avenir. Le Citoyen utile doit écrire pour tous les tems, comme le Miniftre né pour être Légiflateur, doit agir pour tous les Miniftres.

Il parut, il y a quelques années, un Livre fur les Colonies, où à la tête de quelques projets de détail l'Auteur s'étoit joué dans une critique affez ingénieufe, des mœurs des Colonies ; mais c'étoit un fatyre que fon badinage déceloit. Il y regne furtout une émotion finguliere contre le Corps Militaire à qui l'Auteur attribue le défaut de population. En lui répondant

on repond à tous ceux qui, en exagérant ces abus, tombent dans l'inconvénient funefte d'accroître le malheur public du fentiment d'un mal imaginaire. Il a touché le véritable point,
mais il ne l'a point diftingué. C'eft en
effet le Gouvernement Militaire qui eft
un abus ; mais le fervice Militaire & les
petites tyrannies de ceux qui en ont
les emplois, s'il eft vrai qu'elles ayent
eu lieu, feront toujours un moindre
mal, parce que trop de gens par la
fortune, le génie, ou l'efprit de prétentions qui fupplée à tout, fe mettront au-deffus.

L'équivoque perpétuelle de ce fervice eft peut-être même effentielle au
Gouvernement d'une Colonie éloi-
gnée. Croit-on que cette dureté foit
un fyftême de Bureau ? Des Miniftres
grands & humains ont connu les excès ; mais fe réfervant de les réprimer (1), en ont-ils tari la fource ?
Le droit d'inquiéter réfide dans l'efprit
impérieux de cette profeffion, s'il n'eft
journellement contenu ; mais dedroit

____

(1) V. L'introduction fur le défaut de population, p. 12.

au pouvoir, de titre à fes excès, nos Officiers n'en ont jamais eu, & ils font contenus de tems à autre : c'eft peut-être là l'accord de la liberté & de la politique. Peut être convient-il que quelques écarts toujours réprimés du Militaire, établiffent une défiance & une contrainte, qui deviennent un joug particulier, propre à la fureté de la Colonie, & d'où réfultera l'harmonie. Chaque Etat aura ainfi fon frein.

Ce n'eft point ma penfée que j'exprime ici. C'eft celle de plufieurs bons efprits qui ont refléchi fur tous les objets ; mais cette premiere confidération eft frappante. Veut-on plus ? difent-ils : qu'on jette les yeux fur les Colonies Angloifes ; la dureté, la gêne y font extrême (2). Elles s'accroiffent avec le Peuple. Où le Peuple eft plus

____

(2) V. le t. 10. de la Bibliotheque Brit. art. Zeauger. Rien n'eft fi équivoque que les raifonnemens tirés de l'induction. L'exemple des Colonies Angloifes feroit frappant, s'il n'y avoit de dureté que dans le fervice militaire ; mais l'autorité politique y fait les plus grands écarts. Il en faut conclure un vice réel de Gouvernement dans les Colonies Angloifes, comme dans toutes les autres, mais moin-

foible & plus riche, la dureté est moindre : où il est plus nombreux & mé-
diocrement aisé, elle est plus grande.
C'est donc un frein attaché au sol des
Colonies, bien nécessaire, & même
tolérable, puisqu'il s'agit là de Peuples si jaloux de leur liberté.

Sans doute le Gouvernement en Angleterre désapprouve ces vexations ?
Oui, il en fait justice. Même politique partout.

C'est, conclue-t-on, si peu mépris
de l'humanité de la part de ceux qui
gouvernent, & c'est si bien une politique *vraie* ou *fausse*, que l'Abbé de

dre dans les premieres, à quelque excès qu'on
l'y porte : ce qui paroît paradoxe par la fausse
idée qu'on se fait de la liberté Angloise, &
ne l'est point. En aucun lieu la liberté ne peut
tendre à séparer les parties de l'Etat. Rien
n'égale la fidélité de nos Colonies : leur
existence, leurs moindres intétêts sont attachés à la gloire & à la puissance du Prince. Les
Colonies septentrionales des Anglois ont une
liberté particuliere indépendante de celle de la
Nation, dés prétentions locales de commerce,
& de petits Parlemens pour faire valoir tous
ces excès de leur Constitution. Elles tendroient à une dissolution très-prompte de Société sans un gouvernement un peu contraignant.

Saint Pierre, cet homme plein de *bienfaisance*, infinue nettement que les manieres contraignantes & impérieufes font néceffaires à la fureté d'une Colonie, à peu près comme en mécanique, plus les Puiffances réfiftantes font éloignées du centre d'action, plus les forces motrices doivent être augmentées ; & c'eft peut-être la raifon fecrette qui, après le Chevalier Petty Anglois, qui eft fon garant, lui en a fait défapprouver l'établiffement.

A Dieu ne plaife que né Citoyen, j'applaudiffe au droit de la force, tout utile qu'il paroiffe être. On jouit fouvent des effets de la politique, fans en aimer les inftrumens : ici les inftrumens font odieux fans gain pour la politique. Je ne puis dire qu'un mot, je le crois vrai, & il demande à être pefé. C'eft que dans le fait (& cela eft heureux pour les Colonies) s'il eft vrai qu'où regne la licence, on ne peut trop gêner la liberté ; il l'eft auffi qu'où l'on gêne trop la liberté on ne peut s'attendre à trop de licence. Les manieres des chefs doivent être détruites autant que celles des fujets. Si l'on veut rendre le peuple libre en effet, il faut l'afservir dans fes mœurs : Si l'on veut rendre l'autorité toute-puif-fante, il faut mettre un frein à celle des chefs.

Il refteroit toujours dans la forme préfente le point d'équilibre à trouver ; car fi en deçà l'oubli de la fujettion a fon danger, au-delà ce poids dégénéré en fardeau, a le fien. En tems de paix tout eft tempéré, tout chagrin a fa com-penfation : mais pendant la guerre où l'affection du peuple pour le Prince eft fi néceffaire, fi ce fardeau s'aggrave encore, (comme cela doit arriver) que devient l'encouragement, le vrai nerf de la *défenfe* d'une Colonie ?

Peut-être pourra-t-on avancer que la févérité de la difcipline a toujours été avantageufe au fervice. Quoique la difcipline fuppofe des Loix faites, & le terme de fervice des corps de troupes qui ne foient pas libres ; (tou-tes chofes qui manquent dans le fait dont il s'agit) cette maxime peut y trouver fon application. Un Officier ferme peut être craint ; dur, il peut être haï. Jufques-là tout lui eft per-fonnel ; & s'il eft eftimé, il eft obéi & fuivi. Mais fi l'Officier eft infultant, s'il porte le service au-delà de ses bornes ; s'il inquiéte perpétuellement & sans nécessité les subordonnés qui se trouvent à côté de lui par la naissance, & sur sa tête par la fortune ; si par les corvées il attaque l'intérêt, la plus sensible des passions ; s'il n'est pas surtout estimé, il sera mal obéi. De-là les rigueurs, les personnalités. Quelles en seront les conséquences ?

Pour en juger, il ne faut que faire sentir que si, dans un médiocre état les gens constitués en autorité n'ont pas de plus grands ennemis que les gens de fortune, l'état militaire à S. D. n'en peut avoir de petits. La rigueur outre d'ailleurs un principe faux & peu politique en lui-même. Un Officier, (comme il arrive en toute profession) rappellant tout à la sienne, n'a que des vûes élevées du service, en fait le fond du systême général, & seroit presque tenté d'établir dans une Colonie pour toute forme de gouvernement la discipline Allemande. Cependant il est vrai qu'on ne peut guéres exiger un véritable service des milices. Rien n'est plus opposé à la discipline militaire que leur oisiveté nécessaire; & d'un autre côté cette oisiveté sert merveilleusement à la discipline politique : rien n'asservit mieux. Là-dessus que dire ? Que les Officiers peuvent tenter l'inutile, parce que le Peuple ne fait pas le nécessaire, & que le zéle des chefs , & l'indifférence du peuple sert également l'Etat.

Dans la confusion d'idées qu'un pareil sujet fait naître , il faut chercher un principe. Dans le systême présent il ne se trouve de remédes que comme par le passé dans l'attention perpétuelle du ministere ; dans l'improbation des éclats ; dans le rappel *secret* des Chefs ; dans le triomphe accordé à quelques particuliers contre l'abus de la puissance , qui est la violation d'une maxime commune de politique. Dans le systême d'une législation modérée , on peut se réduire à peu de maximes , sans proposer des réformes contraires à l'esprit du Gouvernement. Que l'Officier soit Officier, c'est-à-dire, homme de guerre : qu'il y ait un ordre de service préfix & littéral pour les milices : qu'on marque entre les différentes troupes un point de séparation , & un de réunion : qu'on établisse dans toutes la subordination , cette séve du service sans laquelle le Corps Militaire est un Corps mort & sans vigueur ; qui se distribue sans trouble & sans jalousie du Chef subordonné lui-même à la regle, aux Commandans ; de ceux-ci aux Officiers & aux Soldats : qu'elle ne soit plus une obéissance servile & exagerée, mais une autorité réfléchie de l'un sur l'autre, dans la proportion que cette autorité doit se partager pour se maintenir : que le Service soit irrévocablement borné au Service ; qu'il ne ressemble point à ces anciens Fiefs qui assuroient aux Seigneurs des droits réels, la licence & l'impunité : qu'enfin la supériorité *militaire* n'entraîne point la supériorité *légale & civile* ; & que le Chef, (comme il arrive presque toujours) soit doux & humain ; il y aura sûreté entiere pour les Colons & pour le Prince.

Le reméde des excès du commandement militaire se trouvera ainsi moins dans une Loi qui y remédie, que dans le choix réfléchi du Chef, seul capable de la maintenir. On peut former la question s'il y a en effet une Loi à ce choix même. On a prétendu indécemment qu'on devoit ôter à la Marine

le droit d'en fournir les sujets, & que
ce Corps illustre dont la discipline est
propre à former des appuis à la Puissance Maritime, n'étoit point celui qui
devoit fournir des Chefs Juges & Législateurs : mais pour fonder la Justice
dans une Colonie, doit-on la détruire
ailleurs ? La Justice est générale, & la
conservation des Privileges des Corps
illustres en est une partie essentielle. Il
y a d'ailleurs une injustice particuliere
à ne pas remarquer qu'on doit à la Marine (3) l'Auteur adoré de l'essai d'un
Gouvernement populaire dans la Colonie ; le pacificateur (4) de ses troubles ;
le Chef sous qui (5) la Colonie a été la
plus unie, la plus décente ; ses différens
Corps mieux composés, plus protégés ;
de nos jours des Chefs (6) sages en divers lieux ; & cet esprit supérieur aux
commandemens mêmes qu'il a reçûs &
remis (7), négociateur heureux avec
nos voisins jaloux, & également propre à toutes les parties de la législation.

(3) M. Duc.
(4) M. de Champ.
(5) M. de la Roch.
(6) MM. de Bom. de Kerl. &c.
(7) M. de la Galiff.

On ne peut se dissimuler que des régles constantes qui déterminent le choix dans un Corps illustre ne ferment l'entrée aux débordemens de la faveur & à l'avidité de tous les Corps. En s'y trompant même, l'Etat récompense un homme de guerre par un Gouvernement triennal ; mais l'on doit souvent réussir : & par lui-même ce systême deviendra le vrai moyen d'assurer le choix, lorsque des esprits propres à gouverner embrasseront le service de la Marine comme un moyen d'y parvenir ; & que le Ministere attentif, habile à distinguer l'expérience des années, voudra faire d'un Gouvernement des Colonies un moyen d'avancement, non la récompense de l'avancement même.

S'il se trouvoit cependant hors de la Marine, un génie heureux né pour se faire excepter des régles, & pour en servir ; qu'à un esprit élevé, à un jugement exquis, à un cœur généreux, à des manieres populaires, il joignît, Colon lui-même, le mérite d'avoir toujours vécu dans les Colonies, de les connoître, de les aimer ; que rassemblant tout dans un point de vûe par

la force de ſes principes , il en pût faire
un tableau avec des couleurs ſi vraies ,
une éloquence ſi ſéduiſante, qu'en l'é-
coutant , miniſtres , courtiſans , ſuf-
pendus à ſes diſcours , éprouvaſſent une
eſpéce d'enchantement ; que ſes erreurs même fuſſent brillantes & utiles ;
qu'il aimât la guerre & la ſçût faire ,
qu'il fût propre à tous les arts de la
paix , qu'il cherchât tous les genres
de gloire ; qu'il fût vraiment magnifi-
que & propre par l'éclat des fêtes , par
l'art des agrémens , à attirer & fixer
les peuples au tour de lui ; que par la
repréſentation la plus noble , par une
élégance continue de mœurs , & au-
dehors par les établiſſemens ſomp-
tuéux , les bâtimens , l'emploi de la
richeſſe publique , il ſçut faire reſpeɛter
la Colonie chez l'Etranger ; s'il ſe trouvoit , dis-je , un tel homme , il feroit
certainement avantageux à la Marine
de lui laiſſer, en l'adoptant, le Gouvernement en dépôt pour le recevoir dans
un autre tems de ſes mains plus illuſtre ,
plus applaudi , plus aimé.

II DISCOURS,

Du Tribunal d'attribution commune.

LE service militaire , quelque dur qu'il soit, ne porte , comme nous l'avons observé, que sur un petit nombre de mécontens , & est conséquemment un petit abus ; mais l'abus extrême est dans le Gouvernement militaire , qui maltraite tout , qui sappe tout ; vrai principe de dépopulation & de stérilité en tout genre , & le rémora perpétuel des meilleures intentions des Chefs.

Sa premiere branche est le Tribunal d'attribution sur les matieres de terreins , tel qu'il est établi.

Il faut que le poison de la puissance arbitraire soit bien subtil , pour avoir corrompu pendant le cours d'une administration de dix années tous les desseins favorables d'un de ces Chefs (1) d'un génie éminent , qui , dans l'e-

______

(1) M. Delar.

xercice qu'il en faifoit avoit détermi-
nément la vûe d'y renoncer. Je l'ai vû
fouvent, après avoir fait le mal par
contrainte, faire le bien par goût, toujours chercher le mieux ; c'étoit faute
de Loix , car s'il y en avoit eu , elles
le lui euffent d'abord indiqué.

A fa mort , autres voyes ; autres
procédés , autre fyftême.

Ces Chefs font au nombre de deux.
Le fort commande le foible ; (car la
nature ou le hafard établiffent fouvent
des afcendans auxquels rien ne pourvoit) examinez-le bien : les fautes feront communes , parce que le Tribunal
l'eft ; le bien viendra d'un feul parce
qu'un feul eft puiffant : mais fi le mal
en vient ?

Puiffance , comme on le voit , dangereufe par le partage inégal qui s'en
fait hors de nos yeux , également dangereufe , quand elle eft réunie.

Ce danger eft évident dans l'efprit
de la puiffance arbitraire qui répugne
à fe voir contredire ; dans fon penchant
qui eft de donner beaucoup à la fou-
miffion ; dans fon procédé qui eft de fe
hâter ; dans fon ufage , qui eft de ramener tout à la politique ; dans fon

but, qui est d'être toujours obéie sans murmure.

Par-là tout particulier qui sollicite peut-être là victime de tant de préventions attachées malheureusement à cette justice suprême. S'il sollicite avec trop de chaleur ; s'il compte d'une façon trop marquée sur la légitimité de son droit ; s'il diffère pour l'éclaircir ; s'il l'établit sur une justice générale dont l'accord avec une politique toujours changeante n'est pas développé, il succombe : souvent même en perdant son bien il désobéit ; triste terme, qui, employé dans le cas de la perte des biens, marque un asservissement bien dangereux.

Cette peinture des maux de la Colonie est fâcheuse ; mais elle est encore foible, quand on considere que ni dans les matieres du droit public, ni dans la partie de la justice mixte qui tient du droit public & du droit privé, ni dans les points essentiels de la police générale, il n'y a de loix ; que tout s'apporte à un Tribunal qui ne suit point de formes, qui n'a point de maximes, du moins permanentes ; sans voye d'instruction, sans méthode d'examen ; sans appui, appur, fans concours d'opinions & de fuffrages ; compofé uniquement de ceux qui y préfident, tous accoutumés à commander, non à juger ; & cependant ce qu'il y a de plus effentiel s'y juge.

Je dis ce qu'il y a de plus effentiel : les propriétés des terres, leur poffeffion, leurs débornemens, leur ufage ; les eaux dont la conceffion ou le refus, l'augmentation ou la diminution, font qu'une terre exifte réellement ou qu'elle n'exifte qu'en apparence ; qu'elle vaut une fois plus, qu'elle vaut une fois moins ; les révifions qui peuvent enrichir un nouveau propriétaire, dépouiller l'ancien poffeffeur ; les réunions fufceptibles de fi grands biens & de fi grands maux : les provifions fur toutes ces matieres qui anéantiffent toujours dans le fait, ou le titre de poffeffion, ou le titre de propriété ; tous les acceffoires ; tout ce qui porte un nom *approchant* des matieres foumifes à l'attribution ; tout ce qu'on croit avoir trait à la politique & à l'autorité ; privilege obfcur qui autorife les Chefs à s'arroger la juftice, & les expofe à ne la pas rendre contre leur intention.

D

Ce ne font point les hommes qui gouvernent les hommes, partout c'eſt une Loi : dans le Droit des gens, les Traités ou la raiſon d'Etat ; dans le Droit public, les Conſtitutions du pays; dans le Droit privé il faut des régles qui déterminent l'équité. Sans cela envoyez dans une nouvelle peuplade les premieres Têtes d'un Parlement, déliez-les de toutes formes, de tous principes de Loix, (ſi cependant une fois gravées dans l'eſprit & le cœur, elles pouvoient s'oublier) vous verriez une mauvaiſe police, une adminiſtration inconſéquente.

Les raiſons en ſont naturelles. Pluſieurs Juges n'ont pas le même eſprit ; leur eſprit n'eſt pas dans la même ſituation ; leur paſſion favorite (car quel homme ſans paſſion !) n'eſt pas également d'accord avec leurs lumieres ; leurs lumieres ſont plus propres à démêler un objet qu'un autre ; l'un aura plus de vûes, l'autre plus de connoiſſances ; la politique entraînera l'un, lorſque la juſtice arrêtera l'autre ; l'un ſera ſenſible à la gloire, l'autre au devoir : Cour différente, diverſes créatures. S'il n'y a pas une meſure com-

mune de leurs jugemens à laquelle ils
foient forcés de fe plier, il n'y aura
pas de droit commun; conféquemment
nulle sûreté dans les biens, nulle liberté civile.

Ce mal eft extrême, & il s'accroît
avec la fortune publique. Rien ne
prouve mieux la richeffe d'une Colonie, que l'abus heureux du pouvoir; où
les fortunes font grandes, on en peut
facrifier une partie à un gouvernement
arbitraire; où elles font petites, on ne
peut lui facrifier que la sûreté de l'Etat.
Nul doute que prefque tous les Chefs
jufqu'ici n'ayent cherché à diminuer le
mal en s'appliquant à être juftes; mais
il faut connoître la juftice. Déchirons
toutes les Loix fi le défir d'être juftes
fuffit. Tant de bons projets qu'ils ont
conçus en différens tems pouvoient
être fuppléés par un feul, qui étoit le
facrifice de leur puiffance arbitraire, &
l'échange en une plus réguliere, dépendante des Loix pofitives, qu'on
eut tenue de leurs foins; & qui avec
l'admiration fi légitimement dûe au
courage qu'ils euffent témoigné contre
eux mêmes, les eût rendus les bienfai-
teurs publics.

D ij

Efpérons de la juftice de leurs fucceffeurs un projet fi utile pour eux-mêmes.
Car enfin quelles peines dans cette Légiflation perpétuelle ! Quels embarras
dans l'exécution de ces Loix paffageres
qui s'entrechoquent ; dans ces jugemens
toujours nouveaux qui ne s'étayent
d'aucuns autres, faute de vraies maximes ! Quel poids fecret pour des
confciences timides qui s'imputent tout
dans des opinions fi coûteufes ordinairement aux Parties, & ne peuvent fe
repofer fur aucune regle prefcrite !
Quel Juge éclairé n'eft timoré ! Surtout
s'il fent le danger des conféquences &
le défaut de principes. Quel Jurifconfulte, même profond, voudroit con-
fentir à décider toujours du bonheur
ou du malheur d'un Citoyen fur fon
opinion feule ; fur fes propres maximes, dans des cas douteux, dans des
efpeces nouvelles, après plufieurs jugemens malheureux ! Aucun.

Un de ces Chefs pénétré de cette
terreur refpectable, n'a jamais voulu
juger que des chofes fort communes.
Il gouvernoit cependant tout , d'une
façon même très-abfolue, *hors fa confcience.* Mais n'étoit-ce pas un autre

malheur que rien ne se jugeât ? Car enfin les hommes d'alors étoient-ils tous sans passions, sans intérêts, & se faisoient-ils justice eux-mêmes !

Ceux qui gouvernent les Colonies leur sont trop tôt ravis. Qui n'a pas éprouvé que trois années en donnent à peine une foible teinture ? Que de distractions, avant qu'on ait revêtu de nouvelles idées, de préventions ; avant qu'on ait tout vû par soi-même ! Six années même éclairent-elles, lorsqu'on a marché sans guide dans une terre naissante, dans un cahos, sur des débris de police, de loix, de politique ? La Colonie est assez fertile pour récompenser la vertu de ses Chefs, & illustrer leur dignité (2). Pourquoi ne font-ils pas d'un séjour permanent l'objet de leur ambition ? En s'y bornant, la nécessité pour eux de se faire aimer ; pour les Colons celle de s'attacher à ces Chefs, seroient de nouveaux liens. Ils acquéreroient cependant cette expérience qui fait le Législateur, le Juge, le Politique ; & comme ils auroient lieu d'aimer le peuple, leurs projets

(2) Voyez le Discours 8.

auroient ce caractere de justice & de douceur qui en assure l'exécution , & tous les Etats en deviendroient vraisemblablement meilleurs.

III DISCOURS,

Des matieres de Terrein.

POUR toucher quelques-uns des abus nés du défaut des Loix dans le tribunal d'attribution, il n'y a nulle forme avant & après le jugement. Avant le jugement les Juges font mal inftruits ; après le jugement ils ne font pas toujours défaifis.

Nulle compétence reglée ; toutes difcuffions qui portent fur des eaux, des débornemens, des chemins particuliers, des fervitudes rurales, font par l'équivoque du terme, attirées à ce Tribunal. Nulle diftinction des caufes d'où procédent ces différens droits; fi c'eft du titre primordial de la conceffion, ou d'un contrat, ou de la Loi.

Anifi la vente d'une eau de fource qui n'eft point une eau publique, quoique procédante d'un contrat, ne faifit point le Juge ordinaire. Des actions de bornage contre lefquels la prefcription qui eft un bénéfice de la Loi, pourroit s'alléguer, ne les faisissent point non plus. Les chemins particuliers qui font l'objet d'un traité ; les fervitudes convenues, ainsi que celles qui dérivent du droit privé, telles que l'égout naturel ou accidentel des eaux de pluyes ou de torrens, évitent aussi les Tribunaux ordinaires ; & il arrive de là qu'en remontant dans des cas au titre primordial de la conceffion, qui n'eft plus entier ; dans d'autres, s'arrêtant à des vûes d'une politique variable, les conventions font violées, le droit demeure incertain, & toutes les matières de conteftations font traduites en queftions de droit public.

Nulle audience reglée, nulles regles pour l'inftruction ; point de délais fixés ; les audiences accordées, équivoques, captieufes, les Juges les accordant dans un lieu, les tenant dans un autre ; d'où nait une incertitude funefte du tems & de la forme des jugemens, fouvent précipités, fouvent renvoyés aux fucceffeurs.

Nulle fureté dans l'examen des procès. Les regles effentielles de l'ordre judiciaire, obfervé dans le Royaume, y font bleffées. Cet ordre fi fage & fi

profond veut qu'un Juge qui a pro-
noncé ne ſoit plus maître de ſon jugement ; que le Greffier ſoit le témoin
du Juge qui prononce, comme le Juge
eſt le témoin du Greffier qui rédige ;
& il arrive au contraire que le Greffier de ce Tribunal en eſt en même tems
le Rapporteur ; c'eſt-à-dire (pour
trancher le terme) un des Juges ſecrets, celui qu'on ſollicite le plus,
ou le ſeul qu'on ſollicite ; intéreſſé par
cela même qu'il eſt ſans droit de ſuffrage à faire triompher ſon avis, ne
fut-ce que par l'affectation du crédit.
Que ſeroit-ce s'il y attachoit même un
prix ? Si Rapporteur intéreſſé, rédac-
teur infidéle, dépoſitaire frauduleux,
il mettoit à l'enchere les biens des particuliers ? Heureuſement pour nous,
à la réſerve du premier Greffier (1),
qui fut de mauvais augure, & avec
qui toutes ces conſéquences étoient à

____

(1) Il a été dépuis Notaire & caſſé de ſon
emploi. C'eſt avec regret qu'on ſe permet un
trait perſonnel ; mais ce n'eſt que la chair d'une
victime déja immolée qu'on ſacrifie à l'inſtruc-
tion publique. Le danger de l'emploi étoit évident : il falloit encore montrer le danger du
choix.

craindre ; tous les autres ont été de très-honnêtes gens, & au-deſſus même du ſoupçon. Mais ſont-ils cautions de leurs ſucceſſeurs, à qui par un tarif exceſſif, dont l'augmentation arbitraire eſt devenue un tribut annuel, ils laiſ-ſeront un appas aux richeſſes ? Sont-ils même ſûrs d'eux-mêmes, de leurs lumieres ? Se ſentent-ils dans leur état droit à de pareils jugemens ? D'un côté le danger d'une Juriſdiction n'eſt pas dans les Miniſtres actuels, leur probité n'ôte pas l'abus de l'autre ; c'eſt un ſcandale public de voir dans la pouſ-fiere d'une eſpéce de Secrétariat ce qu'il y a de plus grand, jugé par ce qu'il y a de plus petit.

Mais il y a du moins, dit-on, le re-méde de l'appel. Combien en a-t-on vû réuſſir ? C'eſt-là même le côté le plus funeſte de l'abus, qu'il faille en quelque maniere plaider contre ſes Juges parce qu'on ne les diſtingue plus de l'autorité & de la politique qu'on regarde comme attaquées par l'appel. On leur demande leurs motifs; c'eſt par eux que les inſtructions informes qui les ont trompés eux-mêmes, paſſent pour tromper les derniers Juges, ſé-

-duits par une politique locale , qui n'a
point d'auteurs , qui n'a que des apo-
logistes ; toujours adoptée , jamais démontrée. Mais si (comme il est arrivé
par le passé) on renvoye l'affaire par
voye de révision , ou de nouvelle inftruction pardevant leurs successeurs ,
quelle attente ruineuse , lofque les jugemens de ce Tribunal feront exécu-
toires par provision ! Que dire même
fi cette provision est irréparable en
définitive , comme il fuit assez communément de la nature des biens de
la Colonie, fujets à des établissemens .
immenfes ? Si avant de juger défini-
tivement, les Chefs fe contentent de
donner provisoirement la possession ,
ou de mettre hors de la possession ,
formera-t-on l'appel d'un jugement égal
dans le fond au définitif; mais qui n'é-
tant que provisoire dans les termes ,
donnera feulement lieu fur la plainte
à une recommandation, ou à un ordre
(fi l'on veut) aux Juges de ce Tribunal de statuer fur le fond ? Et fi alors
en statuant , le définitif dont l'exécution est provisoire confirme la provision , cette premiere provision n'au-

D vj

ra-t elle pas été un jeu cruel, qu'aura-t'on obtenu dans le fait ?

Si après cela, comme il y en a des exemples, les Chefs, Juges de premiere inftance, reçoivent des requêtes civiles contre leurs jugemens ou ceux de leurs prédéceffeurs ; fi ces requêtes civiles toujours admifes, n'ont pas à craindre la fatalité des délais ; fi ce refcifoire irrégulier admis eft un préjugé certain du jugement du refcindant, je demande quelle juftice les Sujets des Colonies ont à efpérer, quel repos ils ont droit d'attendre ?

Si enfin par des explications forcées, ou par des contradictions formelles des anciens jugemens, des extenfions aux cas étrangers qui n'y avoient pas été foumis, fouvent fur la demande de ceux qui font fans intérêt dans l'action, l'on vient à juger de nouveau, & à ôter un droit acquis, à qui recourir ? Comment reclamer la protection des Loix, puifqu'on peut dire qu'à cet égard il n'en exifte point pour vous ?

Voilà quant à la forme de ce Tribunal.

Pour le fond de la Jurisprudence qu'on y peut obferver, il n'eſt pas auſſi facile d'en ſuivre les traces, les matieres & les jugemens variant à l'infini. On peut ſeulement avancer que tout y eſt ramené à une politique ſi obſcure, qu'on n'en peut donner les principes. Parcourez vingt années écoulées depuis que les matieres des eaux s'étant établies, les conceſſions générales s'étant multipliées, un Greffier intéreſſé à s'occuper étant ſurvenu, ce Tribunal s'eſt plû à juger, & que le nombre des queſtions s'eſt ſi fort accrû ; parcourez, dis-je, tous ces tems, & vous verrez que le but de cette politique qui étoit ſans doute de favoriſer la population, a été bien mal rempli, & qu'une Juſtice réelle dont les principes euſſent été bien connus, y eût beaucoup mieux pourvû,

La Juſtice eſt une politique tardive. Tôt ou tard elle porte ſon germe. Les peuples s'accroiſſent par les mêmes voyes qu'ils ſe ſont formés, par l'eſpérance de la ſureté, par la jouiſſance de l'équité : &, (ce n'eſt pas aſſurément une choſe nouvelle à dire) où les Loix ont fleuri, les peuplades ont été nombreuſes.

La Justice, comme on le pourroit penser, ne réside pas toujours dans de bonnes Loix. Ce seroit bien le mieux : mais elle réside sous un point de vûe pus général dans l'observation de Loix quelconques dont les Citoyens puissent s'appuyer dans leurs contrats, ou dans leurs entreprises ; qui assurent le foible contre l'oppression du fort, & qui terminent la plus grande partie des contestations nées de la cupidité, par la facilité qu'on a de se juger soi-même au lieu d'aller devant le Juge.

Du défaut de Loix tous inconvéniens opposés à ces premiers avantages.

Point de sureté dans les achats ; timidité dans les entreprises ; procès multipliés, éternisés. Le puissant prévaut ; l'avide a mille raisons d'espérer, mille moyens à employer pour faire rendre des Loix en sa faveur ; car dans cette position fâcheuse, autant de décisions, autant de Loix. Mais si les avantages que nous avons relevés, forment la Justice, quel nom donner aux inconvéniens.

Dira-t-on que le choix que le Prince fait des Chefs, pourvoit à cette Justice si désirée ? Cela s'est quelquefois rencontré, j'en conviens ; mais n'y a-t-il pas d'exemples du contraire dans les tems dont nous nous éloignons ? Et dans l'avenir, trois années d'une adminiſtration inconſéquente ne peuvent-elles pas détruire l'ouvrage de vingt années de ſoins & de juſtice ?

Quelle effrayante perſpective cependant pour les Sujets d'une Colonie ! Plus le Gouvernement préſent eſt modéré, plus ils ſe hâtent d'en profiter, & de s'éloigner avec leur famille d'une vexation qui menace leur vieilleſſe ou leurs enfans. C'eſt une bonace pendant laquelle la prudence ordonne de gagner le port. Diſons tout ; on ne peut ſe cacher un malheur préſent dans la défiance que tous les peuples ont naturellement de l'autorité. Tout particulier, tout étranger même qui pourroit ſe fixer dans une Colonie, eſt-il tenu d'en connoître les Chefs ? Un Gonvernement modéré n'y raſſure pas, puiſqu'il a droit de ne pas l'être ; car il eſt à remarquer que ſi une oppreſſion réelle, mais paſſagere, ne détruit pas la liberté, parce qu'elle n'a pas de titres, une liberté même actuelle ne

subfifte pas , lorfqu'on a des titres contre elle.

Les bonnes Loix font donc plus néceffaires que les bons Juges.

Qu'eft-ce au furplus qu'un bon Juge?
Celui qui applique bien la Loi , & c'eft
le fait de plufieurs. Mais décider fuivant fes vûes, c'eft faire la Loi ; &
c'eft le fait d'un feul. Le peuple le fent
& fe plaint que ce foit fait de tous ;
qu'il ait vingt Légiflateurs.

Mais quelles feront ces Loix ? Queftion délicate. Ces matieres font vaftes
& embraffent tout. De bonnes Loix fui-
vront de fauffes maximes ; paffage également délicat des unes aux autres ;
conciliation du paffé & du préfent,
également difficile.

On peut feulement dire que ces Loix
feront bonnes à proportion qu'elles
s'accorderont avec les principes des
meilleures Loix déja connues, & avec
la population. Mais la population eft
le mot de l'énigme. Chacun a dit le
fien depuis l'établiffement : a-t-on trouvé le vrai mot ? On en peut juger par
l'événement. Il en faut cependant faire
une étude profonde , & déterminer en-

fin à ce terme un fens précis ; car dans une Colonie la population répond uniquement & par la voye la plus courte à ce qu'on nomme en Europe la confervation de l'Etat, dépendante là de mille autres chofes, ici de cette feule.

Mon deffein n'eft pas d'entrer dans des queftions trafcendantes ; je me contente de tirer le voile qui couvre notre fauffe fplendeur, & d'étendre la peinture de nos befoins pour les faire difcerner. Sur ce propos j'ai entendu fouvent des gens qui demandoient les remédes ; mais il eft aifé de fentir que le point difficile eft de les faire fouhaiter à ceux qui peuvent les employer.

Il eft cependant des cas où la politique n'eft pas vifiblement intéreffée ; où les maximes du droit commun peuvent être appliquées aux décifions; où les Loix connues fuffifent, & où le défaut de regle du Tribunal fupérieur peut être conféquemment regardé comme une oppofition aux regles. Il faut fe borner à un petit nombre de cas.

Par exemple dans toutes les matieres il eft arrivé qu'il s'eft formé des demandes contre des poffeffeurs. Il étoit aifé de faire valoir la poffeffion jufqu'à l'entier éclairciffement des nouvelles demandes ; mais on a ôté provifoire-ment la poffeffion à celui qui l'avoit, pour la donner à celui qui ne l'avoit point. Cette queftion étoit cependant décidée par le droit naturel & pofitif.

Il eft même arrivé que ces poffef-fions ont été ainfi déférées par un Juge-ment au pied d'une Requête, par un fimple ordre des Commandans qui fe regardent autant qu'ils le peuvent, comme Subdélegués de ce Tribunal. Excès dans l'abus même ! Le droit commun vouloit cependant que celui qu'on dépouilloit fût entendu.

Dans les matieres de terrains, on a fait quelquefois valoir la prefcription ; on n'y a plus fouvent nul égard. La premiere de toutes les Loix & la plus connue, eft cependant que la Loi foit égale.

Dans l'action de bornage, il eft arri-vé fréquemment que les airs de vent des lifieres fixés dans les conceffions, ont été changés fous le prétexte du bien commun de plufieurs conceffion-naires voifins, par une efpéce de pof-feffion d'arbitrage forcé où fe font mis les arpenteurs. Ce défordre autorifé du nom fpécieux d'arrangement a été confirmé ; & par là un conceffionnaire a échangé une plantation contre un terrain nud , une bonne terre contre une mauvaife , une plaine contre des monticules , un terrain libre de fervitudes contre des ravines fujettes à l'entretien , un rivage fertile contre le lit même d'une riviere ; triftes effets de la faveur ou de la haine fubalterne d'un arpenteur favorifé ! On avoit cependant dans le titre primordial une Loi même du Tribunal à fuivre.

Dans ce même genre de débornemens , il eft arrivé qu'un arpenteur qui a dans le titre de fa conceffion deux regles de fon mefurage ; la quantité de terres énoncée ; & des bornes fixes indiquées , telles qu'une riviere , un foffé public , un lagon ; s'arrête dans une révifion à la feule quantité de terre , & donne à un conceffionnaire voifin , ou même à un étranger , un certificat d'un excédant prétendu de terre occafionné néceffairement par l'alluvion ; & ce conceffionnaire voifin , cet étranger , en obtient la conceffion , fans même que celui qui fouffre la perte de cet excédent, & qui voit changer des bornes naturelles & défensives en une borne onéreuse, soit appellé. Le droit des alluvions est cependant connu dans le droit public.

Que dire si cet arpenteur change, interprête la qualification des bornes ? Une des bornes de la concession sera le pied d'une montagne, & l'arpenteur partira de monticules qui font beaucoup en deçà ; d'où résultera une diminution de terre & souvent la ruine d'une plantation pour le concessionnaire voisin moins ancien en titres fur lequel le plus ancien vient à empieter. La visite des lieux est cependant de droit commun.

En général l'arpenteur juge, ignorant ou éclairé, fidéle ou infidéle, si ses verbaux suspects & jamais régulierement contredits fourniffent la piéce décifive. Cet arbitrage est un abus contre lequel toutes les voix & tous les tems de la Colonie ont reclamé. Il est même paffé en proverbe de donner gain de caufe à celui chez qui l'arpenteur dîne : effet de la malignité publique, foit ; mais il est certain que puifqu'il s'agit d'experts, la Loi des rapports d'experts peut avoir lieu ; & elle demande que chaque partie ait son expert, & dans des cas douteux qu'on en nomme de nouveaux à qui l'on donne une regle précise dans leurs opérations.

Cette même Loi veut que les experts soient choisis entre gens connoissans du fait en contestation. Sur ce principe, comment les arpenteurs à peine suffisans pour juger de la conduite des eaux, ont-ils pû connoître de leur jauge, de leur usage, & du droit des particuliers à leur distribution ?

Dans cette matiere des eaux (pour omettre tout ce qu'on dit toucher la politique dans leur distribution générale) le droit public n'indiquoit-il pas à des portions égales de terre un droit égal à une eau publique ? Et n'a-ce pas été un oubli de cette regle si naturelle que des examens de la valeur intrinséque des terres encore incultes faites par ces mêmes arpenteurs, ou d'autres particuliers, autorisés à juger par les principes d'une physique incertaine démentis depuis par l'expérience d'une culture même peu favorisée, de la possibilité & de la mesure idéale de leurs productions, pour y proportionner les quantités d'eau ? N'a-ce pas été tout donner à l'arbitraire, à la faveur ? Et n'eſt-ce pas de-là en effet que des terres préjugées ingrates pour les uns, ont été jugées fertiles pour d'autres après l'acquiſition qu'ils en ont faite, & que des hattes (2) ſtériles, éloignées du cours des eaux, & converties en cultures, ont enrichi par la conceſſion de l'eau des proprietaires fortuits, tandis que des terres aſſiſes à leurs rivages qu'on en privoit, ſont devenues inutiles à la ruine de leurs anciens poſſeſſeurs, contre toutes les promeſſes & les engagemens de la nature ?

Le titre des conceſſions n'enfermoit-il pas dans la prohibition générale faite aux Conceſſionnaires d'aliéner leurs terres avant l'établiſſement, la prohibition implicite de vendre ou de céder leur droit à la diſtribution d'une eau publique dans les cantons où elle eſt néceſſaire à l'établiſſement ? Le Droit public n'annoncoit-il pas que ce droit eſt attaché aux terres, non aux perſonnes ?

(2) Les hattes ſont les haras pour leſquels on a un titre différent, & même excluſif de celui de culture.

N'apprenoit-il pas que quelques particuliers pouvoient encore moins traiter du droit d'un tiers à une eau publique en leur faveur ; & que les souscriptions des uns pour jouir du titre d'arrosement sur une riviere, & en exclure d'autres dont les troupeaux ne sont pas même abreuvés dans les secheresses, ne pouvoient s'étayer d'aucunes raisons mêmes apparentes ?

Dans l'exécution des distributions, le droit des associations n'a pas été connu. Assemblées tumultueuses où le petit nombre s'est trouvé, où les plus foibles encore ont prévalu sur les plus forts : nulle liberté dans les suffrages ; observations rebutées, souvent taxées d'un nom odieux : le bien public toujours annoncé par la violence ; rigueurs dans les corvées ; Entrepreneurs admis à tous prix, soutenus en toute occasion : le but étoit d'accélerer ; plusieurs années se sont écoulées, & n'ont pas suffi pour des projets médiocres : précipitation en tout genre ; point de réception réguliere des ouvrages ; point d'indemnité à défaut de succès ; & les malfaçons, les inégalités des distributions, jamais réparées, ou devenues

l'objet de nouveaux procès & de nouvelles pertes. Il y avoit certainement
pour tous ces objets des Loix & des
ufages à emprunter dans la police du
Royaume. La Juftice eft une.

Dans les fervitudes enfin, les paffages des eaux, les chemins particuliers
font donnés dans les endroits les plus
incommodes à celui qui les donne. Nul
dédommagement, nul égard pour la
convenance; fouvent la fervitude pouvoit s'éviter ou s'adoucir par une légere dépenfe de la part de celui qui en
profite. Souvent le paffage de l'eau fur
un moulin pouvoit dédommager celui
qui en avoit la fervitude : inutilement
l'objecte-t'on, lorfque le moulin n'a
pas été établi expreffément à la faveur
de cette eau avant l'ufage des diftributions. Prefque toujours celui qui
fouffre le chemin, & qui, aux termes
de droit, ne doit donner que fa pa-
tience, fa complaifance, l'entretient
pour celui à qui il fert. Ces fervitudes
certainement rempliffent bien la force
de l'expreffion. Or qui ne voit que ces
maximes pouvoient être aifément fup-
pléées par d'autres, que toutes les Loix
connues fourniffent en foule ?

IV.

IV DISCOURS.

Du droit d'évocation de l'Intendant de Juftice, & de l'arrogation arbitraire de Jurifdiction des deux Chefs.

NOus avons déja levé quelques côtés du voile qui couvre un pouvoir immenfe & arbitraire. Nous avons vû la liberté civile bleffée par l'adminiftration irréguliere & inconféquente des deux chefs fur la matiere des propriétés originaires : Elle eft détruite, fi l'un d'eux jouit à fa volonté du droit d'évocation en matiere civile & criminelle.

Ce pouvoir dangereux dans fon principe, l'eft dans un exercice même utile; eft toujours injufte, même appliqué juftement. Inutilement ces droits monftrueux font confacrés par la fervitude civile des Colonies : les Tribunaux du Confeil privé les prenant pour ce qu'ils font en effet, pour des droits furpris à la vigilance du Prince & des Miniftres, ne veulent point reconnoître ces attributions; & le titre du jugement en devient l'accufation. Dès-lors, de deux Sujets contraints au Tribunal arbitraire des Colonies ; & après un jugement juste, celui qui succombe est invité par une Jurisprudence auguste à la mauvaise foi ; bientôt errans loin du lieu de leurs domiciles, le plaideur infidéle triomphe, & celui à qui la Justice étoit dûe, & qui l'a obtenue malgré lui à un Tribunal irrégulier, n'a plus désormais que des moyens ruineux de la ressaisir à un Tribunal étranger ; maïs en écartant ces conséquences accidentelles, qui une fois connues, deviendront générales, si l'on approfondit les suites naturelles d'une pareille Jurisdiction, l'on en est effrayé. Il est visible que les Cours Souveraines qui enregistrent ces pouvoirs, font vœu public de ne plus rendre la justice.

Un seul Chef, par son état loin des connoissances judiciaires ; Magistrat par le seul titre de sa charge ; homme, & par là sujet à la passion, à l'erreur ; Juge en apparence, en effet partie par les inclinations diverses de ses Sécrétaires, de ses créatures, de ceux qui l'approchent, corrompu par le pouvoir même, peut attaquer les biens des citoyens de toutes les natures, attenter à l'honneur, à la vie.

Une considération bien simple caractérise ce pouvoir. Il est le corrupteur de tous les droits, il est le destructeur de tous les pouvoirs.

Dans les Conseils Souverains où ce Chef préside, il anéantit le droit de suffrage & la conscience ; car si l'affaire où il s'affectionne ne tourne pas par l'insinuation, par l'appui public qu'il lui donne, comme il le souhaite ; ou qu'il le puisse craindre avant qu'elle y soit portée, peut-être même parce que le succès en doit être douteux, il peut en se l'évoquant lever tous les doutes des Juges.

D'un autre côté son Collégue, & d'autres Officiers qui ont séance dans ces Conseils, n'ont plus qu'un privilége précaire, & dépendant de l'évocation qui peut le détruire d'un trait de plume.

Qui verroit tant d'apprêts dans cette autorité, jugeroit que c'est à la sûreté de l'Etat que les droits les plus saints de la sûreté des particuliers, & les priviléges les mieux établis des corps sont sacrifiés ; c'est cependant à une volonté arbitraire. Les Rois-mêmes se sont fixé des régles dans les évocations, & le Tribunal est suprême : ici il ne se trouve

point de régles & ne peut s'en trouver ;
& le Tribunal eſt obſcur. Pourra-t-on
croire que tous les Tribunaux ſe cor-
rompront plutôt qu'un ſeul homme ?
Comme d'ailleurs l'Intendant de juſtice
juge ces attributions avec le concours
des Juges mêmes des Cours qu'il dé-
pouille, dans quels cas, ou dans quelles
vûes, ſi c'eſt dans tous les cas, affecte-t-il
ce jugement ? n'eſt-ce que le ſpectacle
odieux de l'arbitraire qu'il a deſſein d'é-
taler ; ou ſe ſervant de ces eſſais multipliés pour préparer le renverſement entier des formes, toute la Juſtice des Colonies dégénerera-t-elle avec le tems en
Commiſſions ? Attribueroit-on à un Tribunal *ſubit* une vertu, une majeſté ſé-
crete, qui impoſe à ſes membres des
obligations d'une nature plus ſtricte que
celles qui naiſſent de leur ſerment dans
une Cour ſouveraine (*a*), ou de celui
que tout homme fait en naiſſant d'être
juſte ? Six Conſeillers, aſſeſſeurs de l'Intendant, ne ſont-ils plus les ſix Conſeillers préſidés le jour, ou la veille dans la
ſalle d'audience par ce Chef même ? Ac-
quierent-ils en deſcendant de leur Tribu-

(1) Voyez l'Avertiſſement Article III.

hal des lumieres ou des devoirs nouveaux ? Le lieu, l'heure, le timbre
différent du jugement, ont-ils une influence particuliere ? Tant de caufes
abfurdes à ce droit accablant font juger
qu'on ne peut lui en affigner, parce que
la furprife n'en peut être un.

Il n'en eft pas de même des motifs de
crainte & de défiance fur ces jugemens,
on peut les articuler. Un jugement rendu par des Juges *néceffaires*, eft un jugement libre. Un jugement rendu par des
Juges *conviés* ou *choifis*, eft un jugement
néceffaire, qu'une fauffe politique dérobe quelquefois à une juftice réelle.

J'ai vû jufqu'a préfent peu de ces
évocations, mais elles fe font fuivies :
il n'a été queftion que d'en commencer
l'ufage. Dans le fonds toutes étoient
inutiles, aucune n'a fuccédé ; l'affectation du pouvoir n'en a montré que l'a-
bus. Dans une, un faux accufé fit voir
dans l'accufateur, créature du Chef,
un vrai coupable, que ce même pouvoir, pour juftifier fes voies dange-
reufes, voulut envain fauver, & qu'il
frappa en molliffant. Une autre fut ta-
chée du défaveu à la confrontation de
deux témoins inconfidérés, trompés

par le peu de respect qu'ils se sentoient pour un Tribunal subit. Un troisiéme jugement, pour avoir voulu inconsidérément maintenir le respect dû aux Juges, les a avilis, & a trouvé lui-même des Juges séveres dans les Magistrats suprêmes du Conseil privé : il est inutile de les parcourir, tous ont été indécens, malheureux.

Dira-t-on que ce droit dangereux est applicable dans la spéculation à des cas singuliers & imprévûs de troubles & d'émotions d'une Colonie ; à un cas peut-être impossible d'une corruption générale ; à des momens douteux où il faut violer toutes les formes, pour les conserver toutes ? On pourroit au contraire penser que dans ces situations critiques où l'autorité seroit méconnue, la seule impression de l'autorité ordinaire feroit un effet plus puissant qu'un droit singulier, encore plus méconnu, qu'on y attacheroit ; mais dans tous les cas, la concession d'un pareil droit peut être distinguée de l'usage. L'usage le plus sobre dans le cours ordinaire établit sous une forme dure un Gouvernement cruel, contraire à nos mœurs. Si le droit est légitime, l'usage en est l'usurpation.

En effet en nommant cette Jurifdiction abufive , il femble qu'on en ait re-
velé tous les dangers ; en faifant la peinture de fes abus il femble qu'on les ait
exagérés : on ne les a cependant pas
tous exprimés. Du moins dans les jugemens d'attribution fe forme-t-il un Tribunal , où fi l'on n'a pas toujours l'intention fixe de fuivre aveuglément les
Loix , on a du moins celle de les faire
pancher à la décifion qu'on projette ;
mais les Loix ont une certaine inflexibi-
lité qui ne leur permet point de fe prêter à l'excès des préventions ; elles ont
un reffort heureux qui les ramene à l'é-
quité : fouvent même les Juges ont puni
hautement la politique d'avoir voulu
faire d'eux les inftrumens de fes vûes
fecretes ; mais rien ne remédie à l'opinion que les Chefs armés de ce pouvoir , ou corrompus par l'habitude de
furprendre le miniftere , ont prife en
différens tems d'eux mêmes , & de l'é-
tendue de leurs fonctions. Moins ils
étoient capables de leur partie d'adminiftration , plus ils fe croyoient capables d'une adminiftration illimitée : leur
oifiveté réelle leur donnoit le tems de
tout faire ; plus de Juges en effet , plus

de Cours de justice, plus de police, qui ne duffent une exiftence foible & précaire à leur sommeil, leur laffitude, ou leur éloignement ; toutes ces chofes étoient réduites à des efpeces d'apparition, parce que tout fe concentroit, autant qu'il fe pouvoit, dans un pouvoir unique, qui, en fe faififfant d'une conteftation, la mettoit d'abord hors de portée des Tribunaux qui n'en ofoient connoître. Ainfi un droit arbitraire, même fans exécution, tel que celui des attributions, a enflammé l'ambition des Chefs : il leur a montré la parité de tous les droits prétextés de la Juftice & de la politique auxquels ils fe font imaginés qu'on les autoriferoit, en cas d'un éclat contre la repréfentation dont on leur doit le maintien, & il a créé leurs ufurpations réelles ou apparentes ; c'eft-à-dire, les droits manifeftement contraires aux loix de la fûreté, ou qui n'étant point conftatées par des pouvoirs enregiftrés, & fe trouvant d'ailleurs inutiles à l'ordre public, prennent cette teinture facheufe dans l'efprit du peuple

De ce genre eft vifiblement le pouvoir arbitraire, que quelques Chefs fe

font arrogé de rétablir la contrainte
par corps dans les affaires civiles , &
d'ordonner la faisie mobiliaire des Né-
gres en corps d'attelier (a). Le Citoyen,
allarmé dans ces tems orageux, voit occuper autour de lui à ces violences une
Maréchauffée qu'on diftrait du foin de
la fûreté publique , inutile contre le
crime & dangereufe feulement contre
l'induftrie, qui s'arme à un falaire ex-
horbitant , & par cet appas infulte,
viole les aziles domeftiques , & ceffant
d'être commandée par la Loi, s'expofe
à de véritables affaffinats que les Juges
ordinaires doivent réprimer. Cette ex-
pofition préfente , ce femble , l'image
d'une fervitude univerfelle fur les perfonnes & fur les biens , d'autant plus
cruelle, qu'elle rompt, contre le vœu général des Colonies , tous les nœuds de
l'union entre les Citoyens débiteurs
mutuels ; qu'on ne la voit point s'établir
pour une nature fixe d'affaires , mais
fans néceffité & par la fimple volonté ,
ou pour favorifer les créatures , ou

____

(z) Le Code Noir déclare les Negres im-
meubles pour la faifie. Cette Loi eft encore entiere dans les Tribunaux.

E v

pour punir ceux qui dédaignent de l'être, & qu'elle n'a enfin aucun secours à attendre des Loix civiles, puisqu'elles sont faites,& violées.

Le reméde a été jusqu'ici dans le fait même, dans la fuite de ceux qui se dérobent à la vexation en passant à l'étranger avec leurs esclaves (comme il y en a eu des exemples), ou dans le prix sécret que l'on met à sa liberté vis-à-vis des exacteurs, ou dans la résistance qu'on oppose à la force. Abus cruel que l'autorité représentative puisse des espéces de crimes publics ! Abus aussi triste, qu'on puisse lui en opposer,& qu'elle soit obligée de fléchir ! C'est le spectacle de l'anarchie même, & la sagesse prescrit de chercher ailleurs que dans la balance, que la licence met au pouvoir, les remedes politiques à ses abus.

X DISCOURS,

Sur les Jurifdictions inférieures.

TOUTES les ufurpations du pouvoir fe concentrent, & retentiffent, pour ainfi dire, à la fois dans la *dépreffion* des Juges & des Corps de Juftice des Colonies, qui eft en même tems le moyen, le but, & le danger de ces ufurpations.

La feule Jurifdiction qui paroît leur être échappée eft l'Amirauté. Il eft intéreffant de confidérer cet effet de l'influence d'une *protection* illuftre (1); image frappante d'une digue contre laquelle fe brife l'impétuofité du pouvoir, qui tente tous les paffages, & fe rejette avec plus de force fur les parties qui font fans défenfe ; & invitation, ce femble, très-naturelle à l'application du feul moyen qu'il y a de le contenir

______

(1) Les Juges de l'Amirauté fe font quelquefois à la vérité prévalu avec trop de hauteur de leurs fonctions ; voilà l'inconvénient. Mais voici l'avantage : c'eft la feule Juftice libre des Colonies.

dans toute l'étendue de son administration.

Les incursions secretes du pouvoir
se manifestent plus particuliérement
dans les Cours inférieures. On observe
ordinairement que le droit de commettre aux fonctions de judicature dont
jouissent les Chefs, juste, dit-on, par
lui-même, parce qu'il est nécessaire,
renferme plusieurs inconvéniens. Le
mauvais choix qu'il ont quelquefois
fait des sujets est réparable par le refus
de (2) réception aux Cours Souveraines; la longueur de la durée des
commissions qui laisse indécemment les
Tribunaux dans la dépendance immédiate des Chefs, est également facile à
prévenir par l'attention du ministere,
& est devenue même assez rare par la
fermentation des concurrens : un troisiéme inconvénient dont le remede ne
peut se trouver que dans les mœurs de
ceux qui gouvernent, est le penchant
de l'autorité à changer souvent de main

(2) Ce remede aux mauvais choix est très-
incertain. Il n'y a jamais eu de refus de la part
des Conseils, qui n'ait donné lieu à un compromis éclatant. V. le Disc. *sur les Conseils*,
p. 127.

les emplois de judicature, qui la porte
à préparer ces changemens par l'infi-
finuation, à les achever quelquefois
par les dégoûts.

La multiplication des créatures n'eft
pas la population. Trente places à donner ne forment ni un objet en elles-
mêmes pour les Colonies, ni un appas
déterminant pour y attirer. C'eft une
mauvaife politique de faire circuler,
comme l'argent, fur ce fondement les
emplois de judicature, même ceux qui
font purement lucratifs, comme les
Greffes; & de préférer le nouveau venu
à l'ancien. Le Juge déja riche eft le
plus honnête homme : le Citoyen le
plus ancien eft le plus accrédité : dans
une Colonie tout fait fenfiblement partie du gouvernement. Un Juge déja
aimé y eft néceffaire : il procure dans
les tems ordinaires plus de refpect pour
les Tribunaux, moins d'appels, plus de
conciliations dans les familles. En tems
de troubles ou d'invafion, il feroit un
nouveau lien de la fujettion.

Il eft d'autres inconvéniens qui n'attaquent les Tribunaux qu'après avoir
traverfé les Juges. L'interdiction eft le
plus confidérable de tous, même par

ſon inconſéquence. L'autorité a juſqu'ici tenté inutilement par l'inſinua-
tion la deſtitution des pourvus de commiſſions : les Cours Souveraines ont
rencontré dans l'intérêt de quelques-
uns de leurs Membres des moyens de
fermeté pour réſiſter avec ſuccès. Etoit-
il plus difficile , ou moins intéreſſant ,
de réſiſter à l'interdiction ? Lorſqu'une
autorité telle que celle de ces Chefs eſt
ſuprême , elle ne doit pas évidemment ,
ne pouvant pas le plus , pouvoir le
moins. A-t'on , dans cette contrarieté
de conduite , conſulté la nature des
commiſſions ? Elles ſont données ſous
le *bon plaiſir du Roi* , & juſqu'à ce qu'il
lui plaiſe *y pourvoir :* dès-lors les Chefs
déſaiſis , les Juges rentrent dans l'ordre
ordinaire , & ſe trouvent dans la dépendance immédiate & *excluſive* des
Tribunaux ſupérieurs. Y auroit-il en
effet un ordre judiciaire où ne ſe trouveroit pas cette chaîne , cette correfpondance des Tribunaux ? Si l'on veut
conſidérer la nature de l'interdiction
même , que penſera-t'on de la juſtice
d'une peine qui n'eſt ni précédée d'inſ-
truction réguliere , ni prononcée par
un Jugement ? Car ſi l'on vouloit re-

garder fur ce pied l'ordre d'interdiction , le droit des Chefs à cet égard ne
feroit plus un droit fimplement dangereux , tel que celui de l'évocation,
dans l'exercice duquel les Juges ordinaires font du moins affociés ; mais un
droit purement monftrueux de diffamer
& d'authentiquer la Magiftrature ,
exercé fubitement par deux hommes
tout puiffans , dont l'un n'eft pas Juge
lui-même. Voilà une chofe en apparence indifférente , & une gradation
bien finguliere d'abus. Il y a un dégré
à y ajouter ; c'eft que ce pouvoir n'eft
point littéral , que les Chefs ne le pré-
tendent même que dans le fait , & arbitrairement , fouffrant volontiers que
les Cours Souveraines l'exercent con-
curremment : comme s'il pouvoit y
avoir prévention dans l'ordre judiciaire !

Un inconvénient né du premier eft
l'influence des Chefs dans le miniftere
des Cours inférieures. Un Juge qui n'a
pas la liberté de Jurifconfulte, a la dépendance du Courtifan ; & de l'efpérance qui eft le reffort de ce dernier , il
n'y a pas loin à la crainte de l'efclave.
Je ne fçais fi , lorfqu'on a commencé de

craindre ou d'efpérer, on ne ceffe pas
même d'être Juge. De-là naît du moins
la facilité pour les Chefs d'arrêter des
pourfuites juftes dans les Jurifdictions,
& d'en preferire d'inutiles, quelquefois de durés ; d'autorifer des Juges
contre des particuliers, ou defavorifer
des particuliers (3) contre la police
des Juges ; & (ce qui en devient le
comble) d'exercer ce defpotifme civil
par l'infinuation, ou le plus fimple terme qui exprime le défir ou la *volonté* ;
car il eft rare que l'autorité ufurpée
écrive. Sa force eft dans l'obéiffance
paffive, & le filence qui dérobe fes
mouvemens au-dedans & au-dehors.
La réfiftance, comme on l'a déja re-
marqué, en eft le décri ; car elle en devient d'abord le terme.

Il y a des exemples qu'alors, fi les
Juges réfiftent, l'autorité fe réplie &
médite dans le fecret fon reffentiment.
J'ai déja parlé des dégoûts. Ceux dont
la forme eft la plus terrible font en effet
les moins violens. L'épée militaire

(3) Les fourniffeurs des boucheries ont
furtout toujoûrs été en poffeffion de braver la
police des Juges.

tranche quelques fils de la juſtice qui ſe renouent d'eux-mêmes : il y a eu des Juges menacés , traînés hors de leurs Tribunaux, empriſonnés ; des Arrêts ont perdu leur forme ſur les regiſtres par la violence ; mais la célébrité attachée aux perſécutions d'éclat dédommageoit ceux qui en étoient les objets, & la force ouverte épuiſée, ce ſemble, ſur la perſonne, reſpectoit la réputation. Lorſque le glaive de la Loi a prévalu , les formes ſe ſont appellées au défaut de la force , ou en ont accru l'énergie. Les cabales des inférieurs fomentées par une approbation ménagée, le venin des diſcours finement applaudi, les accuſations captieuſes écoutées, les lettres dures ſur des plaintes fauſſes ou frivoles , les injonctions de juger des procès qui ne ſont pas même inſtruits , la recherche des dettes & l'appui prêté aux créanciers des Juges qui déplaiſent , un vernis louche jetté ſur leurs fortunes , un art qui rabaiſſe l'autorité en la rendant irréſiſtible , agitent ſourdement l'honneur des Juges , minent leur réputation , ébranlent leur crédit ; & lorſque la chûte eſt ainſi préparée par l'artifice ,

la force accourt, l'acheve, & en dif-
perfe les ruines.

J'ai dans un long âge vu des tems
durs, où, dans le défœuvrement, l'autorité ne s'annonçoit que par les févi-
ces ; où les revenus étoient anéantis
par les taxes les plus viles mifes aux
denrées de la Colonie, & la liberté
abufive laiffée au prix des denrées d'Europe, où le Soldat étoit compté pour
plus qu'un Citoyen : d'auffi durs, mais
de plus juftes, leur ont fuccédé après
quelques intervalles ; mais l'honneur
étoit connu, les Citoyens étoient unis
par la gêne générale même ; les Tribunaux confervoient quelque confidération, les Chefs mêmes avoient des
amis. Depuis, j'ai vu des jours douteux
où les nuages fe formoient de toutes
parts. Par une fuite d'opérations four-
des, avec des formes fecretes, & fans
qu'on pût fuivre le fil de cette dépopulation, tous les états fe font trouvés
tout-à-coup également déprimés ; les
Colons négligés, rebutés, difparoif-
foient ; l'ancien peuple cédoit la place
aux nouveaux protégés avides & fans
induftrie ; dans l'augmentation de la
fortune publique, les fortunes particu-

fieres diminuoient ; le commerce lan-
guiſſoit dans l'abondance ; le Gouvernement ſans yeux , étoit tout oreilles ;
les diſcoureurs devenoient délateurs
ſans le ſçavoir ; les eſpions ſans objet
& ſans utilité pénétroient tous les aſy-
les , & ne partageoient la faveur qu'a-
vec les adulateurs de la perſonne ou du
pouvoir ; un venin ſecret deſſéchoit
tout , l'honneur étoit détruit : les Corps
ſurtout étoient ſans conſidération , les
Juges flétris , découragés ; l'abattement
devenoit univerſel. Ces tems par leur
nature doivent revenir rarement ; mais
qui a pu en être une fois le témoin ,
jugera qu'il faut tout l'art d'un homme
de bien pour réparer deux années d'une
pareille adminiſtration , & le gouvernement des Loix pour les empêcher de
renaître.

Ce Gouvernement, dont les moyens
peuvent être auſſi ſecrets que les cauſes
qui le rendent néceſſaire , aura des effets correſpondans , & ſe fera d'abord
ſentir dans le retour des ſentimens de
généroſité & d'honneur parmi les Juges,
que l'oppreſſion muette avoit bannis ;
de-là coulera dans le peuple , où il
prendra la forme d'un ſentiment de vie

& d'activité ; mais surtout ranimera les grands Corps de justice, les Cours Souveraines où doit être le dépôt des Loix mêmes, & la branche la plus usuelle du gouvernement.

VI DISCOURS.

Sur les Conseils.

LE Gouvernement arbitraire a employé avec plus d'art les mêmes moyens contre les Cours Souveraines, que contre les petites Jurisdictions. Il a attaqué indirectement les *Tribunaux* en constituant mal les *corps* ; en diminuant au-dedans & au-dehors la considération générale & particuliere qui leur étoit dûe ; en humiliant, ou flétrissant leurs membres ; & plus directement, en y portant son autorité naturelle, ou se rendant propre celle qui leur étoit commune ; objet secret de leur jalousie publique.

Il est tems de rendre une justice éclatante à ces Corps trop peu connus, trop peu estimés, trop peu soutenus ; mais véritablement dignes d'être remarqués & encouragés ; dignes de devenir utiles par la direction d'une sage législation, habile à retrancher les abus & à faire naître les usages.

De tout tems dans la Colonie un cer-

tain nombre choisi dans les Citoyens
les plus riches, les plus integres, les
plus éclairés, se sont distraits pendant
la plus grande partie de l'année du soin
de leurs affaires pour accourir loin du
lieu de leur séjour vacquer aux affaires
publiques, & rendre gratuitement, &
à leurs propres frais la justice au peuple.
Dans le lieu de leur séjour, on les a vû
prévenir les procès, concilier les grands
intérêts, & s'occuper dans leur retraite
d'une bienfaisance habituelle. Leurs
mœurs aussi élevées, mais plus douces
que celles du haut militaire, a peut-être,
aux yeux des observateurs exacts, con-
tribué, plusque toute autre chose, à adoucir les mœurs des cantons que la plûpart d'entr'eux ont habités. L'exemple
de la soumission, de la fidélité, du sa-
crifice des privileges particuliers au
bien public, & de la belle hospitalité,
est aussi venu d'eux ; inaltérables dans
tous les tems, il n'est point de plus fidé-
les sujets, ni de plus généreux citoyens.
Leur abaissement même volontaire est,
après l'inutilité des anciennes démar-
ches, un pas au repos public, un service
qu'ils rendent comme simples citoyens.
Il seroit injuste de juger de leurs talens

fur de vaines déclamations. Il y a dans les Colonies, proportion de nombre gardée, plus d'efprit répandu qu'ailleurs, foit qu'on le confidere comme un bénéfice du fol & des intérêts multipliés où y entre l'Européan, ou comme une fuite de l'agent qui pouffe les Nationaux hors de leur patrie. En convenant de ces avantages, on reproche au fol de détremper cet efprit même, de le détourner vers des objets qui font plus du reffort des fimples vues, que du travail de l'efprit, & furtout oppofés à la vie fédentaire & méditative, que l'on prétend n'y être pas propre. Si cette remarque eft jufte (ce que je ne prétends pas examiner) & fi les lumieres des Juges ne font pas égales à leur zéle, elles font fans doute fuffifantes pour embraffer la fphére de la légiflation commune d'une Colonie. On n'y connoît point les matiéres bénéficiales & féodales, ni les queftions d'Officialités ; les fubftitutions & fidei-commis dans le fens étendu, toutes ces vaftes matieres de fucceffions & de teftamens du droit écrit, les différences enfin des coutumes, n'y établiffent point la néceffité de cette jurifprudence compliquée , qu'il n'eſt utile de rechercher que par rapport à d'autres uſages. L'étude du droit commun ſur les matieres des obligations de la Coutume de Paris , & des Ordonnances , y forme un objet très-réduit pour l'eſprit , ou le génie , de la plûpart de ceux qui compoſent ces Cours Souveraines. On n'a point encore vû les Avocats des Parlemens qui y plaident former les Juges par leurs avis ; mais on y a vû les Juges former les Avocats par leurs déciſions.

Il n'y a point d'ailleurs de Juſtice plus abrégée depuis que les Avocats , défigurés même ſous le nom injuſte de Procureurs , ont ſuccédé aux anciens ſolliciteurs. Le retranchement des formes , de quelques-unes même d'utiles , y eſt conſidérable. Accès facile ; ſollicitations hors d'uſage ; audiences promptes ; tout ce qui peut rendre un reſſort peu étendu déſirable , s'y rencontre. Ailleurs les affaires ſe prêtent aux heures des Juges ; là les heures des Juges ſe prêtent aux affaires. Les éclairciſſemens ſont multipliés , les Parties comparoiſſent dans les queſtions de fait ; les Juges ont adopté la méthode de

l'Abbé

l'Abbé de S. Pierre praticable feulement, ce femble, pour les Colonies,
de délibérer ou réferer fur toutes les
les affaires. Dans les procès d'inftruction, point de circuits, point d'entremifes de Secretaires. Qui empêcheroit
donc que de tels Juges, avec les mains
& le cœur purs, avec de l'efprit ou du
génie, dans une jurifprudence fi peu
compliquée, avec des moyens fi fûrs
d'éclairciffement, ne puffent être les
dépofitaires des Loix & de l'autorité
civile?

Si l'on veut de-là les fuivre dans
les affaires du droit public, peu de
Juges ont fi bien la confiance des Peuples, & n'ont plus mérité celle des
Rois, lorfqu'il s'eft agi d'impofitions.
L'augmentation facile & furabondante,
faite en 1750, de cinq millions dans
l'octroi, à titre feul de *provifion*, décéle le zéle du citoyen qui, fans calculer littéralement les befoins de l'Etat, court au-devant de la gloire du
Prince. Mais fi l'on doutoit de l'habileté que ces corps peuvent quelquefois
mettre dans ces délibérations, on n'auroit qu'à confulter dans leurs regiftres

le premier établiſſement de l'octroi fait avec tant de précaution & de ſageſſe, & ſur des objets ſi propres à répondre par leur augmentation annuelle à celle des dépenſes publiques, qu'il a ſuffi pendant plus de quarante ans, quoique la Colonie ait changé pluſieurs fois de forme, à toutes les entrepriſes néceſſaires & inutiles.

Si ces corps paroiſſent donc avoir perdu une partie de leur ancienne vigueur, qu'on ne la regarde que comme concentrée par les circonſtances. Cet arbre a toujours vie par le zéle. Qui jugeroit pendant l'hyver d'un verger ſain & vigoureux, & le compareroit aux arbres morts ſur pied, ou au bois d'un bucher, voudroit ignorer qu'au retour du printems les feuilles annonceront les fleurs & les fruits qui doivent le rendre cher.

Pour préſenter cette comparaiſon ſous une autre face, qu'on ſe figure un Jardinier qui ne ſe plait qu'à planter, & qui n'aime que ce qu'il plante; effeuillant ſans ceſſe les arbres d'une terre fertile; ne laiſſant aux uns que les branches à bois, deſſéchant la ſéve

des autres par des fecouffes lentes ;
fubftituant à ceux qui périffent fortui-
tement des plans foibles , & arra-
chant même ceux-ci à mefure qu'ils
prennent racine , & qu'ils fe fortifient ;
ne recueillant que quelques fruits fau-
vages que la bonté de la terre donne
malgré fon génie deftructeur , & écri-
vant toujours fur la taille des arbres;
on fe fera par la premiere peinture ,
l'idée de l'erreur des Peuples : on aura
par la feconde une image naïve de la
politique de la plûpart de ceux qui
ont gouverné , que les Chefss qui ont
fuivi ne peuvent dépouiller auffi facilement qu'ils le fouhaiteroient peut-
être.

La premiere machine de guerre de
ce fyftême eft la mauvaife conftitution des corps. La force de l'attaque
s'accroit de la foibleffe de la défenfe.
Multiplier & perpétuer au-delà du
nombre & du tems prefcrit, des affeffeurs fans voix délibérative , & en
compofer prefqu'entierement , comme
on l'a vû pendant près de dix années,
un Confeil, c'eft n'avoir point de
Cours de Juftice.

F ij

Les choses en étoient venues au point de dépériſſement en 1750 , lors de l'impoſition , que le Conſeil du Cap vint en corps au nombre de quatre titulaires , ſe joindre au Conſeil de Léogane , qui n'en avoit pas d'avantage ; de ſorte que les deux Corps raſſemblés donnerent le ſpectacle d'une députation.

Le piége de cette dépopulation , quoique ſenſible , eſt toujours ſûr , & peut être facilement répété dans tous les tems. La politique des Chefs qui l'ont imaginé , ou imité , étoit ſimple. Ils ne refuſoient point les commiſſions à des gens mûrs , à d'anciens Juges ; mais peu devoient ſe préſenter. Ils acquéroient même à leur politique l'honneur d'en ſolliciter quelques uns ; tous ſe refuſoient à un véritable noviciat qui pouvoit n'être pas ſuivi de la profeſſion , & ſouvent dangereux. Ainſi ces commiſſions étoient naturellement deſtinées à des jeunes gens de quelque eſpérance ; & il eſt connu que les trois années de leur durée étoient données , non à l'épreuve de leurs talens (car quand il n'euſſent dû voter

qu'une fois , ils devoient y être propres à leur inftallation même) , mais
de leur flexibilité. Le but de leur inftitution (1) étoit une efpéce de corruption. Comme cette épreuve ne
réufliffoit jamais par l'influence naturelle des corps dont l'honneur eft le
principe , & que ceux qui y entroient
dépendans en fortoient libres , l'on
prorogeoit les commiffions jufqu'à ce
que ces Corps prêts à tomber par défaut de confiftance rendiffent le piége,
trop remarquable. Voilà l'explication ,
le nœud de la diffolution des corps
de Juftice , fur lefquels le paffé inftruit
de l'avenir.

On connoiffoit la fauffe politique
des Chefs. Leur laiffer fentir (ce qui
en étoit le reméde) qu'on la péné-
troit , c'étoit manquer affez ordinairement à la repréfentation , & tomber dans le reproche d'indépendance.
Une partie de l'obéiffance fembloit
être de paroître ignorer cette politique , & regarder le foin qu'on prenoit
de détruire , comme un moyen d'é-
lever.

(1) Inftitution fe prend ici pour éducation ,
& non dans le fens d'établiffement.

Cependant, foit que l'Affefforat fût prépondérant, foit qu'il ne le fût pas, les chefs ne négligeoient pas d'attaquer ces Corps, même fans défenfe. Ils appelloient à l'appui du vice de la conftitution accidentelle celui de la conftitution originaire, en conduifant, comme auxiliaires, aux combats qu'ils rendoient contre le zéle & la liberté, les Officiers qui avoient féance. On a vû même dans les Confeils des batteries de ce genre détruites par des contre-batteries, fecours armés contre fecours, drapeaux contre drapeaux, aigles contre aigles.

La confidération générale étoit détruite facilement, au dedans par quelques fcènes d'éclat, & par le foin pris dans les derniers tems de réduire les privilèges, au point que leurs membres ne différent prefque plus des moindres exempts : au dehors par les grandes fuites données aux petites affaires, & par les imputations odieufes de républicanifme qui ont toujours fi fort étonné ceux qui connoiffent les lieux, & le fommeil profond des Colonies.

S'il étoit poffible qu'il y eût jamais de mouvemens à attendre d'une Co-

Ionie, la politique, pour les éviter, seroit à ne rien négliger & à ne rien
craindre ; mais on négligeoit tout &
l'on disoit qu'on craignoit tout.

On a vû des compromis entre les
Chefs & les Conseils. Qu'on les recherche tous ; on les verra porter, ou
sur des refus de réception aux charges de sujets indignes, ou deshonorés ;
ou sur les recherches des vexations de
quelques autres protégés ; ou sur le
rejet de reglemens suggérés, qui n'ont
point eu lieu : de sorte que le penchant
républicain n'aura eu, à le bien examiner, d'autre signification qu'une ré-
pugnance louable à reconnoître la Souveraineté des Chefs, suivie ordinairement d'une obéissance politique aussitôt qu'elle est reconnue (quelquefois
même phisiquement) possible : car il
y a eu des cas où la nature même des
choses se refusoit à l'exécution.

La considération particuliere étoit
ébranlée par les soulévemens secrets
des créanciers des Juges, souvent nouveaux cultivateurs, qu'on avoit toujours prêts au besoin, & excités dans
les tems par l'offre d'une médiation

toute puiſſante. Dans un arbitrage forcé, le Juge, objet lui-même d'un jugement tacite, ſentoit où étoit la faveur ; mais il careſſoit la rigueur & s'en louoit, tandis que les flateurs calomnioient la fortune de celui qu'on opprimoit. C'eſt peut-être une injuſtice de reprocher les plus ſimples commodités de la vie à ceux qui occupent les dignités. Veut-on faire un Conſulat d'une Colonie entiere ? Avoir des Juges Colons, c'eſt avoir des Juges débiteurs ; mais du moins à cet égard la Juſtice n'a point d'acceptions ; lui laiſſer un libre cours eſt d'un ſage tempéramment ; tout ce qui eſt au-delà eſt l'affectation dont j'expoſe les moyens & le but.

Cette conſidération, déja ébranlée, étoit enfin détruite par les applaudiſſemens donnés aux faux bruits qui les perpétuoient ; par les notes envoyées aux Miniſtres qui conſacroient des préventions ; par le ſacrifice fait dans l'occaſion d'un membre peut-être imprudent dans la chaleur du diſcours, mais reſpectable par ſes principes, néceſſaire à ſon corps, qui ſuccomboit dans une affaire même juste, & qui laiſſoit ſon exemple à ſuivre & ſon malheur à craindre.

Quelles peuvent être les fins d'une politique auſſi ſinguliere que celle qui établit un Corps & le détruit dans ſes principes mêmes ? Les objets naturels du Gouvernement d'une Colonie ne doivent pas y faire craindre les épines des Corps. L'habitude d'un pouvoir illimité & ſans contradiction dans les Chefs, y a pû contribuer ; mais il ſemble que le dernier moyen que cette politique a employé pour les déprimer, a été plus particulierement le but de la dépreſſion des Corps.

C'eſt la légiſlation civile de la Colonie, le droit de faire les reglemens proviſoires ſur toutes les matieres, & de fournir les formes des déclarations que le Prince envoye pour confirmer les plus eſſentiels, qui eſt l'objet de cette jalouſie ; c'eſt pour les dépouiller de la légiſlation, qu'on les gêne même dans l'exécution des Loix déja faites.

Les Chefs ont le droit de faire les reglemens de concert avec les Conſeils. L'explication naturelle de ce terme devoit être fans doute dans l'efprit du premier Légiflateur un concert réel, felon lequel les matieres examinées en commun, délibérées dans une affemblée, & enfuite rédigées, formeroient la Loi. Quelquefois on l'a expliqué par la concurrence, & même par la *prévention* (du moins dans des matieres fimples), les Cours ou les Chefs, felon qu'ils s'y trouvoient les premiers difpofés, faifant les reglemens. D'autres fois, & le plus généralement les Chefs l'ont entendu d'un concert fubordonné, & fe font contentés de faire enregiftrer leurs reglemens aux Cours Souveraines après un examen qu'il a toujours été auffi néceffaire, que dangereux d'y faire.

Certainement qui confidérera les grands & vaftes détails des fonctions naturelles de ces Chefs, combien peu ils font foulagés dans leur Confeil fecret, & la multiplication fucceffive de leurs correfpondances & de leurs bureaux, fur laquelle on peut juger que depuis quinze ans leurs fonctions ont quadruplé, s'étonnera qu'ils ambitionnent encore une Légiflation qui demande la vie de plufieurs hommes;

mais l'autorité emporte la laffitude.

J'ai affez connu de ces chefs pour décider qu'ils ont généralement des intentions pures dans leurs impétuofités. L'ambition de faire le bien a été trompée par l'ambition commune. Quel eft l'homme qui maître de tout faire, ne fait pas le mal ; qui ne met pas fouvent les mœurs à la place de la politique, ou la politique à la place des mœurs, & par-là fes volontés à la place des Loix ; qui voulant tout eriger, ne détruit pas tout ! C'eft de-là en effet que le plus grand nombre d'entre eux, créateurs à force d'impuiffance, par ignorance inventeurs d'un droit nouveau, ont peuplé depuis quarante ans leurs bureaux & les Greffes de reglemens dont la Colonie eft encore en difette. C'eft de-là qu'ils agiffent précipitamment, fans choix de moyens, fans Loi ou contre la Loi ; & qu'ils fe font quelquefois un peu trop complû, on l'ofe dire, à une Juftice Afiatique dont leurs Créatures ne les louoient qu'épouvantés.

J'ai tâché d'expofer les maux d'un Gouvernement arbitraire. Mais font-ils bornés-là ? Les effets vicieux, tels

que le défaut de mœurs , l'infociabi-
lité & le débandement du peuple,
n'augmentent ils pas le vice fecret de
la caufe ? Et l'empêchement qu'elle
met au bien , n'eft-il pas lui-même un
mal ?

que le défaut de mœurs , l'infociabi-
lité & le débandement du peuple,

VII DISCOURS,

Du Peuple.

ON demandoit dans un cercle illustre quels étoient les maux résultans d'un Gouvernement arbitraire. Une personne sensée les réduisit à un seul ; à la perte de la liberté nationale : elle évalua de même la perte des biens dont il nous prive à celle de cette même liberté, mere de l'affection, de l'industrie, de la population. C'est en effet le ressort secret de notre constitution ; & il est d'un assez grand déployement pour s'étendre loin de la Nation, & jusqu'aux Colonies.

La liberté n'est que le droit du peuple, si l'on s'en représente l'idée, comme inséparable de celle de la justice la plus commune : mais c'est un bien commun au peuple & au Prince, & elle est le droit de l'Etat, lorsqu'on en considére les propriétés. La liberté est le lien de la subordination, le nœud de tous les *pouvoirs* & de tous les dégrés de sujettions.

Elle exclud également l'essai inutile du pouvoir qui le rend tyrannique, & la licence qui est la tyrannie particuliere du peuple : car ce vice politique n'est que l'exercice arbitraire d'un droit qu'on ne *peut* ou qu'on ne *doit* pas reconnoître ; & sous cet aspect, il est plus souvent qu'on ne le pense dans le peuple. A l'ombrage de la liberté publique, les Loix perfectionnent la sûreté, la confiance étend le commerce, les mœurs rapprochent les opinions, l'humanité adoucit l'inégalité humiliante des conditions, la bienféance en soutient l'égalité, l'affection défend le pouvoir. Les derniers dégrés de sujettion dans l'Etat y sont des pouvoirs réels ; si vous en ôtez un seul, vous détruisez la balance. Voyez le tableau d'un peuple où les droits seroient violés. Chaque Loi perd son appui, parce qu'elle ne peut le tenir que de toutes les Loix ; le fisc y est opprimé & oppresseur ; l'affection pour le Prince sommeille ; l'Etat perd souvent sa probité sous un Roi généreux. Bientôt un peuple fidéle l'est sans décence ; ses cris commandent au Ministere, hâtent par le mal même le bien public. La férocité n'est pas dans

ſes mains ; elle eſt dans ſon cœur. L'é-
clat ſur ce qu'il doit taire ; les recherches ſur ce qu'il doit ignorer ; le mépris de ce qu'il doit reſpecter, tout
annonce la privation dans l'excès même
de la liberté, & un mal qui ſeroit extrême, s'il ne trouvoit un remède
facile dans le retour de la confiance
mutuelle, qui elle-même réveille l'affection.

Le peuple d'une Colonie eſt plus
qu'aucun autre infecté de cette maladie
populaire, entretenue par le vice du
Gouvernement qui y devroit remédier.

Les Européans qui habitent les Colonies, devenus par les tranſplanta-
tions volontaires étrangers partout,
n'affectent plus de Patrie. La néceſſité
mere de l'induſtrie & des partis violens, le ſouffle de la cupidité les y a
pouſſés : un éclat nouveau dans leur
vie, du moins comparée à ſa premiere
obſcurité, un goût de domination domeſtique réſultant de l'abus de l'eſcla-
vage, les y fixent. Ce fonds d'inquiétude qui leur a ſervi d'attrait, combiné
avec l'action vive de la chaleur & le
mélange des caracteres de leurs Pro-

vinces, en fait des gens d'une imagination vague, d'abord corrompue par le défaut de Loix & l'excès du pouvoir, qui permettent l'intrigue & l'impunité.

Ceux qui y naissent, recevant de la nature une Patrie fertile, s'annoncent par des mœurs franches & naturelles plus convenables aux lieux ; avec moins d'intrigues ont plus d'attachement au sol ; font plus Colons, & par-là plus sujets. Fastueux d'ailleurs, grands dans leur idée, plus vains que fiers ; ne croyant jamais être ingrats, parce qu'ils obligent sans rien exiger, & l'étant souvent ; plus capables d'un procédé élevé, que d'un bon procédé ; livrant leurs biens à l'étranger, secourant l'inconnu, payant tard leurs créanciers, mais prodigues dans la solde des affaires ; connoissant peu de ces régles qui distinguent les mœurs épurées des mœurs communes ; manquant toujours aux premieres, & si rarement aux secondes, qu'il n'y a encore que l'exemple d'un crime parmi eux depuis la naissance de la Colonie.

Avec ces défauts différens ces deux peuples se réunissent dans des défauts communs. Toujours bleſſés, ſoujours aigris par l'appareil de la domination, la plainte en nourrit le dégoût, la curioſité en amene le mépris. L'érudition funeſte ſur les généalogies des gens en place ; la ſcience plus coupable des anecdotes de leur vie ; les comparaiſons ſatyriques de la repréſentation avec les repréſentans ; tout ce qui peut avilir ceux qui les aviliſſent, tout ce qui peut éluder les Loix qui les accablent, rien n'eſt épargné. Les mauvais moyens ſont appellés par une conjuration générale. La médiſance ſe répand à flots du particulier aux Chefs ; & de ces Chefs flattés, ou amuſés, de ces portraits ſiniſtres qu'ils groſſiſſent ſans le ſçavoir, & quelquefois ſans l'ignorer, elle reflue ſur le peuple. Peu d'entre eux ont échappé à ce vice domeſtique ; & leurs maiſons qui devoient être l'aſyle de la bienſéance & des mœurs, ont été ſouvent redoutables à la vertu même. La foibleſſe des vûes cherche à diviſer : la ſaine politique tendroit à unir pour le bien commun. Dans preſque tous les Gouvernemens, cette médiſance honteuſe eſt une eſpece d'art profitable, une ſorte de ſecret d'Etat. Elle régle l'accueil, la faveur, la fortune même, lorsqu'elle dépend de la prévention. De-là la licence populaire s'unit au pouvoir son extrême, les Chefs *offensent* & peuvent être *offensés* ; & à la défiance générale se joint, du grand au petit, le ressentiment des injures particulieres. De-là les droits du sang, l'union des familles, vrais secrets législatifs, puisqu'ils perpétuent les biens dans les souches, & par-là les accroissent ; la société & l'amitié qui ne subsistent gueres que par l'indulgence, ont disparu. C'est aussi à ce vice contagieux qu'on doit ce goût solitaire qui diminue les consommations du luxe, & forme, avec des manieres cultivées, des mœurs réellement insociables ; mais surtout cette ridicule envie, cette haine superficielle, vouée à tout ce qui a des raisons d'être content de sa fortune ou de sa condition dans la Colonie, qui applique sans cesse le venin des mauvaises plaisanteries aux origines; sentiment sans générosité qui ne laisse pas même pardonner la naissance à ceux qui étoient dignes d'une meilleure ! Espece de vexation du peuple contre les puissans, qui aigrit ceux qui commandent, allarme ceux qui s'enrichissent, & devient, aussi vraisemblablement que tout autre motif, une source de dépopulation.

Ce vice secret ne vient point cependant de la nature. Aucun Peuple n'est si près des vertus & des talens, qu'un peuple dont aucune partie n'est vile, qui tient par les grandes espérances à l'émulation : aucun ne seroit si corrompu, si l'Etat ne le rafraichissoit pas perpétuellement d'un nouveau Peuple, de nouveaux Chefs, de nouvelles Loix ; & si l'image flateuse de la liberté nationale, qui est l'attrait du retour, ne temperoit l'amertume du séjour.

Le spectacle de cette circulation d'Habitans dans l'Europe, & des sentimens qui en font la suite, est intéressant à considérer. Par là aucun sentiment du Peuple n'est conséquent, dépendant, comme il est, de deux Principes ; & l'inquiétude y mene à l'obéissance. Un Chef attendu, est désiré ; connu, il est haï ; pardonné au départ ; sous le Successeur, comparé & regretté. L'affection pour le Prince, plus vive que partout ailleurs par l'éloignement qui unit l'idée d'une plus grande Majesté au désir de vivre sous de meilleures Loix, s'accroît encore par cette haine facile qui impute tout à ses repréfentans, & l'habitude même y fait trouver de funeftes compenfations.

Confultez-les. Nous avons vû qu'il n'y a dans une Colonie nulle liberté civile, que les propriétés y font précaires, le droit incertain, le gouvernement impérieux, les états confondus; que tout y bleffe la douceur de nos moeurs nationales: mais par là même, n'y a-t-il pas des voies de faveur ouvertes pour tous, & pour les plus petits par préférence aux plus grands? (Car tel eft le génie du Gouvernement arbitraire, d'être bleffé par les grandes fortunes, & de fe familiarifer avec les petites). N'y a-t-on pas la trifte efpérance de voir créer un droit nouveau dont on profite? Et dans cette confufion d'états, ne fe trouve-t-il pas une égalité de condition, de luxe, de crédit, qui eft le dédomagement des rifques & de la fervitude? Ne voyons-nous pas que le Gouvernement a fi peu de vraie puiffance & de dignité, que cette égalité porte jufque fur lui; que comme il y a ufurpation des Chefs fur les fu-

bordonnés, il y a usurpation des subordonnés sur les Chefs ; que la mé-
disance venge l'oppression ; & que la
familiarité du Peuple dans les discours
& les manieres pese plus aux Posses-
seurs du pouvoir, que le pouvoir ne
pese au Peuple ?

Ce Gouvernement, semblable au jour
qui se leve dans le sein d'une tempête,
est toujours douteux ; l'arbitraire porte
son contrepoison : cela est de tous les
lieux, & de tous les tems. Le mauvais commandement produit la mauvaise obéissance, & de la licence du
pouvoir naît celle de la sujettion. Quand
le pouvoir est sans titres, on y résiste
sourdement sans titres : quand il est sans
bornes, on s'y dérobe, on le corrompt,
ou on le partage.

Changez pour un jour le tableau de
la Colonie. Obligez le pere de famille
à être l'exemple des mœurs dans le
sein de sa maison, & à en faire servir
l'abondance à procurer une éducation
généreuse à ses enfans ; le fils de famille à se contenter de la fortune do-
mestique ; l'habitant aisé à ne point
chercher l'indigence par un vol ridicule ; le pauvre à cultiver son champ

fans ambition ; l'intriguant à ne plus efpérer une fortune fubite par des jugemens avatageux , l'avide à s'enrichir
par le tems ; le commerce dédomagé
par la fidélité des Débiteurs, à être lui-
même fidele; l'ouvrier à aimer fa profeffion, l'affranchi à en affecter une ; le peuple à fe contenter de la fubfiftance ; chacun à être fatisfait du fien ; tous, à fe foumettre à l'inégalité de fortune & de condition. Peut-être entendrez-vous un cri
général : peut-être verrez-vous de toutes parts un foulevement d'ames baffes,
timides , corrompues , qui , furchar-
gées du fardeau des Loix & des mœurs,
demanderont, comme un bienfait, leur
premiere incertitude ; & chercheront
fans pudeur une fervitude utile dont
chacun fe débaraffe en fecret par les
prétentions , dont tous jouiffent hautement par l'intrigue.

Situation fâcheufe fans doute, que
celle où l'on fe trouve plus tourmenté
par les loix que par l'abus même ! Mais
en effet , le goût d'abbaiffement qu'on
croit appercevoir dans les Colonies,
n'eft qu'apparent. Bientôt fous le gouvernement des loix , les fentimens naturels furnageroient à ces mœurs étran-

geres : La liberté nationale eſt partout ſans dédomagement. En vain le Peuple inconſidéré croit s'en payer par ſes mains en une égalité vague, qui, élevant tous les eſprits, laiſſe toutes les perſonnes hors de place : expreſſion d'une anarchie volontaire, ſinguliere par ſon principe même, qui eſt l'anarchie de l'Autorité ; les inférieurs exigeant ſans bornes, les Chefs contens du droit de tout refuſer quelques fois effectué, accordant de même ; égalant tous les ſujets pour les abbaiſſer, eſtimant tout en apparence, parce qu'ils mépriſent tout en effet : l'inſtinct françois déſavoue l'échange des Loix contre la licence. L'amour de la liberté réelle, de cette ſûreté précieuſe de la vie, des biens & de l'honneur ; le goût même de cette liberté délicate, qui conſiſte à n'être pas bleſſé par l'aſpect de la domination, marchent pas à pas après les Europeans tranſplantés. Des ſouvenirs heureux d'un Prince juſte, d'un Miniſtre bienfaiſant, d'un Gouvernement modéré, les accompagnent, ou les atteignent dans les Colonies ; & ſi les jugemens arbitraires, dans les matieres les plus compliquées & les plus

intéreſſantes, y attaquent leurs biens ;
le petit nombre pardonne les pertes
nées de l'abus en faveur de ſes gains,
tandis que tout le reſte voit avec terreur la terre s'écrouler ſous ſes pas,
& ſe convaint du peu de ſolidité des
propriétés : d'où naît le brigandage
privé & le découragement. Si par un
excès plus grand, ces jugemens atta-
quoient la vie ou l'honneur, (comme
il peut arriver de l'exercice du droit
d'attribution, & de l'uſage de quelques
Loix (1) ſurpriſes à la vigilance du miniſtere, dont la déſuétude vouée à leur
berceau même par les Tribunaux ordinaires, a ôté le poiſon), l'Etat perdroit preſqu'autant aux ſujets qui le
ſouffriroient, qu'à ceux qui ne le pourroient ſouffrir.

____

(1) On oſe citer dans ce nombre celle qui
accorde aux eſclaves la capacité de témoigner
en matiere criminelle.

VIII DISCOURS.

Des Remedes généraux.

J'AI voulu faire connoître les dangers du Gouvernement arbitraire
des Colonies ; mais il y a des diftances
d'où l'on ne peut montrer que la fuper-
ficie d'un abîme. Comment rendre fenfible en Europe cette tendance du pouvoir conjuré de deux Chefs contre les
droits du peuple & des particuliers,
cette action immédiate du Gouvernement, ce choc des extrêmes fans exemple ailleurs ; la majefté, la force du
Tribunal données à l'exercice des volontés particulieres ; les labyrinthes des
jugemens, l'apparence de la rufe appliquée à l'ufage de la force, celle de
la faveur donnée à la juftice même ; la
puiffance royale en propriété à ceux
qui commandent, & le peuple parvenu à en jouir par le partage qu'en fait
la licence ? Tous les vœux fous un Miniftere éclairé femblent donc s'accorder à demander les conditions nationales pour les Colonies.

G

Nous avons vû en effet que les excès qui y attaquent la liberté font fans remédes dans le cours ordinaire du Gouvernement : car en louant dans tous les Chefs qui ont paru le défintéreffement , ce ne peut être que celui qui eft oppofé à l'avidité & à la concuffion ; on ne peut louer le défintéreffement d'autorité : chacun d'eux a cherché à l'étendre , les uns fur leurs collégues , les autres fur le peuple ; d'autres , feuls juges , feuls arbitres , fur les Tribunaux, fur les Loix mêmes. On ne peut donc efpérer , ce femble , que dans des régles fixées à ce Gouvernement le reméde de ces dangers. Tant que de fauffes & changeantes politiques, dit-on , fondées le plus fouvent fur des acceptions de perfonnes & d'état, fupplanteront les Loix civiles ; tant que les formes n'éclaireront point fur le fonds ; tant que l'*autorité* de deux Juges , ou d'un feul , bleffée par la vivacité de la défenfe , ou irritée par les préventions du cabinet , ne pourra être temperée par les repréfentations d'autres Juges genés par la Loi & la confcience , il y aura un Tribunal fans Magiftrature , un cours continu d'injuftices fous des Chefs juftes ; le brigandage qu'on a dit être privé , fera, on l'ofe dire , malgré les intentions pures de ces Chefs , le brigandage des Loix mêmes , ou de ce qui paroît l'être ; & l'on verra cet Etat chancelant où rien n'eft lié , où il y a un vuide entre ceux qui obéiffent & ceux qui commandent, & où le Gouvernement & le Peuple font dépareillés.

Voilà ce que peut dire chaque particulier. Le premier coup d'œil embraffe tout le fyftême des Loix nationales. Il femble qu'il ne s'agiffe que de multiplier d'abord les moyens de réunir ces points divifés. C'eft le fruit de la réflexion : mais par l'effet d'une réflexion plus profonde le zéle eft obligé de fe replier.

La regle même a fes dangers & fes abus. Il fembleroit qu'elle ne fût précifément que ce qui eft appliquable à la conduite des hommes , mais elle eft àuffi par une expérience commune ce à quoi le génie des hommes qu'elle conduit peut s'appliquer. Inutilement proposera-t-on le meilleur plan , celui du Gouvernement National fans mélange. S'il n'y a pas efpérance que le génie des Colonies le perpétue dans son intégrité, il eſt inutile de l'établir; il vaut mieux céder à ce génie; & pour hâter les heureux effets d'une police, ſe renfermer dans les modifications qu'il lui preſcrit.

Dans cette marche lente & meſurée de la politique, déſigner des remédes eſt peut être un ſervice moindre que celui de les demander. L'un eſt ſouvent l'erreur d'un homme de bien : l'autre eſt le cri du beſoin qui commande au Lé-giſlateur, & le détermine. Les maux d'une Colonie peuvent même être tels, qu'en les expoſant un Citoyen ait rempli tout le cercle de ſes devoirs. Un homme échappé, dit-on, à la proſcrip-tion vint ſe plaindre au Miniſtre du Gouverneur qui l'avoit proſcrit : on ne put le croire; & le Gouverneur fût re-levé. En louant le Gouvernement pré-ſeut, j'ai le premier oſé me plaindre de ſes principes. On me croira dans ces tems heureux, & les principes ſeront changés.

Que ceux donc qui auront trouvé quelque hardieſſe dans l'expoſition des maux, ne ſoyent pas étonnés de me trouver timide dans le choix des remedes. Je n'ai point cessé d'être Citoyen. Intrépide, j'ai rendu le témoignage que je devois à la Vérité. Circonspect, je rends le respect dû à la Législation & au Législateur.

Ce n'est qu'à titre d'observateur, & dans l'idée de rapprocher le Gouvernement des Colonies du Gouvernement National dont la sagesse est connue, sans décider à quel point il doit l'être, que j'écris les considérations suivantes : j'ajoute même, dans l'idée de subordonner entierement l'un aux mouvemens de l'autre ; à-peu-près comme on remarque qu'en Mer un grand bâtiment en remorque un plus petit qui obéit à toutes ses directions sans porter la même voilure : & c'est-là ce que j'appelle le Gouvernement des Loix, qui exprime naturellement une régle proportionnée à suivre dans les différens points de la domination ; mais non la régle absolue de la constitution originaire.

Comme j'ai dépeint des maux réels, & que je ne pense pas qu'on puisse jamais prétendre qu'il en doive suivre de plus grands, ou d'aussi grands, d'une régle établie ; ou que parce que le Gou-

vernement des Colonies ne peut se former entierement sur le National, il n'en
puisse rien imiter, & doive rejetter
toutes sortes de régles, je crois ne rien
laisser d'équivoque dans mon dessein.
S'il falloit l'éclaircir, je dirois que le
sentiment que tend à modifier le Gouvernement National pour les Colonies
se rapporte à une cause Physique, &
non morale ; que si ce Gouvernement
n'y peut être porté dans toute son intégrité, ce n'est par la raison d'aucun
danger évident, mais parce que le peuple s'y renouvellant sans cesse, & cette
fermentation ne laissant pas que d'y
jetter beaucoup d'écumes, on n'y voit
dans tous les Etats ni assez de force ré-
pandue, ni assez de dignité, pour sou-
tenir le poids de si grands intérêts.

Quelques soient les modifications du
Gouvernement projetté, elles seront
soumises à des Loix qui suivront l'ordre des relations des Loix nationales ;
& ces Loix seront générales ou particulieres.

Les Générales comprendront l'état
ou les droits de ceux qui ont la principale autorité, la constitution de leur
Tribunal ; la nature des matieres qui y

doivent être traitées ; la forme des fuites qui leur feront données par les appels : la condition des Corps de Juftice,
leur ufage & la dignité de leurs Membres. Les Loix particulieres concerneront tout ce qui peut être un objet de
police, & toucher le droit diftributif,
civil, ou public.

J'entre dans un labyrinthe ; fi je m'y
égare, j'efpere que ceux qui n'auront
pas voulu me fuivre, & fe feront également égarés, m'excuferont, & me
feront pardonner.

L'état des Chefs peut être confidéré
fous divers afpects ; ou tel qu'il eft en
effet dans les Colonies, ou tel que le
Prince l'accorde. L'un & l'autre femblent au-deffous de l'idée qu'on peut
fe former de la grandeur de leurs fonctions. Je l'ai fait voir avili dans les Colonies par la familiarité du peuple devenue la compenfation de l'afferviffement ; & comme la politique fe fonde
fur les conféquences naturelles qu'elle
tire des exemples des faits, je crois
qu'on peut regarder comme une maxime certaine que l'*état* des Chefs, fous
le premier afpect toujours en contradiction avec leurs *droits*, fera d'autant

moins grand que leurs droits feront plus
étendus ; & qu'en général on ne peut
trop augmenter l'*état*, ni trop reftrain-
dre les *droits*.

Si l'on s'attache en effet à fuivre les
premieres conféquences qui fuivent,
foit de la fituation actuelle, foit de celle
qu'on propofe de donner à ce Gouvernement, on verra que l'effet naturel
de la grandeur des droits dont on fe
plaint, plus objets de haîne que d'envie ; de ces droits que les Corps de
Juftice craignent fans les jaloufer, &
qui deprécient leurs poffeffeurs mêmes,
eft de diminuer tous les *états* : & qu'au
contraire l'effet de l'augmentation de
l'état de ceux à qui l'on donne l'autorité,
eft d'augmenter les droits des autres
Etats qui y ont des relations néceffaires, ou de les ennoblir : ce qui eft précifément un temperamment admirable
dont une fage politique peut fe fervir
dans une Colonie pour mettre une certaine fléxibilité dans l'autorité des Sujets, & une certaine force dans l'obéiffance ; & par-là en contretenir toutes
les parties pour la fûreté commune.
Ceci eft particulierement l'objet des
Loix qui reftraindroient les droits ex-
ceffifs des Chefs.

Mais alors leur Etat se trouvant dégagé de la haine publique qui l'avilissoit, le bonheur des peuples lui conciliant l'affection & le respect dont le premier effet est d'écarter la familiarité, sa dignité enfin assurée au-dedans, il lui resteroit une partie de sa splendeur à attendre du Prince même par les titres qui pourroient l'illustrer au-dehors ; ce qui seroit l'objet des Loix qui augmenteroient leur dignité & leurs priviléges.

J'aï une si grande idée de l'Homme, du Citoyen, du Magistrat, que pour élever les premiers, je ne pense pas qu'on puisse trop accorder au dernier, en le soumettant aux Loix ; & que j'ose me former une chaîne qui par tous les dégrés de considération, ou d'illustration, conduise jusqu'aux pieds du Souverain que je me peins siégeant sur le trône à côté de la raison, & soutenu par les mains mêmes d'une divinité bienfaisante. Mais s'il a été par tout juste où nécessaire d'établir les honneurs sur le pied de la grandeur du pouvoir, ou des services, pourquoi la dignité du Gouvernement des Colonies qui a ce double titre à faire valoir, ne fuivroit-il pas cette proportion favorable ?

Dans fes commencemens obfcurs, qu'on l'ait renfermé dans le fyftême des Gouvernemens domeftiques, & que confidérant les Colonies naiffantes comme de grandes familles, on les ait fait conduire par des adminiftrateurs pris dans toutes les conditions des Citoyens, revêtus de titres confidérables, & en effet peu confidérés ; c'étoit peut-être l'effet d'une erreur publique, du mépris de l'objet, ou de la nature des chofes mêmes qui demandoient alors moins l'intervention d'une politique générale que la fimplicité d'une police. Mais leur adminiftration ayant été heureufe, ou le tems ayant couvert leurs fautes ; lorfque les établiffemens ont profpéré, & que la grandeur de l'objet a été connue, le Gouvernement ennobli par tous les devoirs de la légiflation & de l'adminiftration publique, s'eft reftitué de lui-même à l'ordre politique, dans lequel la forme d'une police devenue un inftrument infuffifant, ne peut fervir à faire le bien, fait le mal & abaiffe ceux qui le font. En effet lorfque peu

de gens, qui avoient peu de propriétés,
étoient gouvernés ainsi, il falloit peu
de Loix ; le droit arbitraire presque
sans exercice se légitimoit par les avantages du plus grand nombre. Lorsque
beaucoup de gens ont eu beaucoup de
propriétés, il a fallu beaucoup de regles ; l'arbitraire a toujours été en
mouvement, & s'est rendu odieux par
ses malheurs.

Voilà pour la nature des choses mêmes. Quant à l'idée qu'on en peut concevoir en Europe, je jette les yeux
de toutes parts, & je vois qu'avec
toute la générosité du sang de nos
peres, nous avons, ce semble, dé-
pouillé leurs erreurs. Penseroit-on aujourd'hui que l'éloignement change la
nature des objets, ou que la popularité nécessaire dans les Colonies avi-
lit les titres ? Cette popularité dis-je,
qui a dû accompagner le berceau de
tous les Gouvernemens justes ; utile
dans tous ; que les grands Gouvernemens ne défendent pas, mais ne peuvent permettre ; ce qui l'enseigne &
la naturalise dans les petites popu-
lations.

La petitesse du ressort des Colonies peut donc établir la simplicité des manieres, en même tems que la grandeur des fonctions établira la majesté des titres ; & ce rapport de Justice sera aussi un rapport de convenance. Le peuple y respectera plus ses Chefs, considérera plus son pays, s'affectionnera plus au Prince, à proportion de leur élévation ; mais un usage particulier de leur état sera, comme je l'ai déja dit, d'augmenter les droits des autres Etats & de produire tous les effets heureux qui en sont conséquens. Les Cours où ces Chefs siégent & président en auront plus de dignité ; cette dignité en tendra les ressorts ; elle réfléchira des premiers Juges sur les Juges inférieurs, & des uns & des autres sur le peuple où ils tiennent, comme par des racines profondes, par leurs familles, leurs liaisons, leurs possessions.

Telles sont les maximes ; en voici je crois l'application.

J'ai déja dit que l'ancienneté des droits fixoit irrévocablement dans le corps de la Marine le choix des Gouverneurs des Colonies ; la nature de la défense, comme je l'exposerai ailleurs , (1) l'exige : si ce choix a une regle , je crois aussi l'avoir indiqué, (2) & m'être appuyé du principe si bien éclairci de nos jours ; de ce principe sacré, que le Gouvernement est fait pour le peuple. Où les Gouverneurs ont plus que l'éclat du titre , & gouvernent en effet, les Gouvernemens ne doivent pas être la récompense ou de l'âge , ou des services de main , ou du grade même ; mais soit que l'ancienneté soit jointe au mérite militaire & politique , soit que ce soit dans une jeunesse vigoureuse qu'étincellent les talens sublimes qui destinent au commandement , la grandeur du grade doit accompagner la majesté du titre. On voit un Lieutenant Général commander dans un port dont la défense ne le regarde pas toujours , tandis que le Gouverneur d'une Colonie, Province Riche , intéressante , chargé du soin de la défendre & de la rendre heureuse , redescend ordinairement de si grands commandemens au service de Capitaine de Vaisseau sous les or-

(1) Voyez le Discours 12.
(2). Voyez le Discours 1.

dres du premier. Il femble que le droit de commander à un peuple eût dû ennoblir fa dignité, & l'égaler.

On ne peut fe diffimuler d'un autre côté que les marques extérieures de dignité n'impofent à toutes les conditions, & ne contribuent à la fûreté du commandement. Un Cordon d'Ordre eft une chaîne pour le peuple. Et n'eft-il pas même pour ceux qui en jouiffent un fpectacle utile qui les rappelle à la nobleffe de leur état, comme un appas honorable pour ceux qui y afpirent ? L'ufage de décorer d'une grande croix de Saint Louis les Gouverneurs des grandes Colonies, y feroit en quelque maniere un bienfait public. Oferoit-on dire qu'en prorogeant à dix années la durée ordinaire du Gouvernement (chofe fans danger, & non fans exemple) il fera peut-être poffible de fatisfaire à cet établiffement dans le cours ordinaire des diftributions de l'ordre ; ou que fi le Roi daignoit prefcrire & recevoir des deux Colonies méridionales les fonds de quatre penfions du fecond rang pour leurs Gouverneurs, il ne feroit pas indigne d'un fi grand Prince d'attacher pour un but si utile deux nouvelles grandes Croix & deux Commanderies dans la Marine (3). Ce Corps illustre en recevroit un nouvel éclat ; les Colonies en acquéreroient un inconnu ; l'émulation pour une place distinguée multiplieroit les concurrens , & entre eux les talens ; les Chefs désarmés par le revenu , désarmés par les honneurs , appercevroient enfin la magnanimité d'un peuple que leurs prédécesseurs n'ont pas daigné *gouverner* , & par la part que les Colons auroient à ces honneurs , il s'établiroit naturellement entre elles & la Marine où leurs Gouverneurs bienfaisans rentreroient , un lien d'affection qui conserveroit toujours ceux-ci pour cliens fideles , ceux-là pour protecteurs désintéressés ; un lien fondé sur le souvenir de la douceur du Gouvernement (4) qui feroit la chaîne même de la sûreté.

Je sçai qu'on prétendra que ces hon-

____

(3) Voyez ce qui en sera dit au Disc. 16. *Des impôts.*

(4) Il y a déja eu des exemples de cette affection mutuelle entre M. de la Roch. & la Colonie de S. D.

neurs peuvent corrompre le Gouvernement en en augmentant la hauteur;
& les Gouverneurs, en ne laiſſant
tomber le choix (s'il dépend ſur-tout
des ſollicitations du Corps de la Marine, attaché comme tout autre à l'i-
dée de l'ordre d'ancienneté) que ſur
d'anciens Lieutenans Généraux, ſouvent inhabiles par leurs vertus mêmes
d'une nature impérieuſe à celles qu'e-
xige leur nouvel état. Mais quand j'ai
parlé d'une augmentation d'état, je
l'ai fondée ſur la diminution des droits.
Il ſeroit ridicule d'imaginer que ceux
qui reçoivent leurs ordres du Miniſtre
même, obéiſſent le plus mal. Quand
ces droits ſeront irrévocablement
renfermés dans un commandement,
non plus négligé, mais devenu alors
utile, parce qu'il deviendra l'objet principal, & dans une très-petite portion
d'autorité judiciaire; quand la regle
ſera établie; je ne craindrai plus un
Chef qui ne peut qu'aſſurer la défenſe, concourir à l'harmonie & faire
le bien.

Aſſocié à ſes honneurs dans le ſecond
rang, ſupérieur dans le pouvoir, auſſi
utile & plus dangereux, l'Intendant

d'une Colonie balance le Gouverneur, & en est balancé. Il en est le censeur, s'il est juste ; s'il ne l'est pas, le Corrupteur. Ces deux pouvoirs partagés gouvernent le peuple ; réunis, ils l'accablent. Par une expérience funeste, lorsque les personnes sont divisées il n'y a qu'un esprit, celui du devoir ; lorsque les esprits sont unis il n'y a qu'une personne, celle du chef qui domine ; mais quelques soient les droits dont la nécessité, la raison, la volonté du Souverain, ou leur politique particuliere, arme les Intendans, ils sacrifieroient volontiers ces droits dont le malheur public les a souvent punis ; ces droits qu'ils laissent, sans en rien conserver, à des successeurs qui en abusent plus ou en usent mieux, à un Etat qui seroit l'accompagnement, la preuve, & la récompense d'une administration heureuse.

On a souvent paru surpris que des chefs de Justice, les instrumens les plus nobles du Gouvernement, ayent été, comme Intendans de Marine, choisis dans un Corps qui n'a nul ordre de représentation politique dans l'Etat, tel que celui de la plume de la

Marine (5). La Juſtice eſt-elle, dit-on, ſubordonnée à ces médiocres détails ; & le ſoin de pourvoir dans une Colonie au ravitaillement d'un vaiſſeau de guerre dans l'année, entraine-t-il celui de juger les peuples ? Ces Peuples auront-ils un reſpect ſincere pour un Etat viſiblement enté ſur un qui n'en attire point, & la ſoumiſſion dénuée de ſon principe eſt-elle avantageuſe ? Je n'entreprends point de décider la queſtion. Je remarque ſeulement ce qu'on remarque ſouvent, que les faits en politique démentent les principes : en effet à nombre égal de repréſentans, il n'y a pas plus d'Intendans de Juſtice du Royaume qui ſont tirés, comme on le ſçait, de l'ordre Judiciaire, propres à la Juſtice même, qu'il n'y a eu d'Intendans, ou de Com-

(5) Mon deſſein n'eſt pas d'approuver, ni de garantir ces remarques. Mais dans ces plaintes mêmes il eſt aiſé de voir qu'on ne prétend pas nier que le Corps de la plume ne ſoit un Corps très-diſtingué, ſoit par l'état que le Prince lui accorde, ſoit par la quantité de perſonnes recommandables qui le rempliſſent ; mais ſimplement lui ôter le caractere de *Corps de l'Etat*, & une deſtination particuliere au Gouvernement.

miſſaires des Colonies, qui l'ont
été (6).

De ce fait, & d'une conſidération
ſimple qui eſt la liberté du Miniſtre,
ſuit une maxime plus ſaine, d'employer ceux qui ſeront propres à ces
emplois élevés. Un ſiécle éclairé, un
Miniſtre égal à ſon ſiécle, ouvriront
la carriere à tous les états, & par
préférence à chacun d'eux ſuivant ſon
dégré de nobleſſe & de dignité; & de
la même main qui approchera les talens & l'illuſtration déja acquiſe de ces
emplois, tomberont frappés ces préjugés, reſtes de la barbarie, qui font
regarder un Intendant des Colonies

(6) Le déſintéreſſement a ſignalé particuliè-
rement les Intendans de S. D. M. Mith. a dû ſa
fortune à une induſtrie perſonnelle très-légiti-
me; à l'établiſſement d'une terre. M. de Month.
eſt mort ſans fortune; MM. Duclos & la Chap.
inſolvables; & M. M. ſucceſſeur de leur déſintéreſſement, n'eſt pas riche. Quant à la capacité, j'en ai connu trois propres à faire honneur
dans tout miniſtere: M. Mithon, mort Conſeil-
ler d'Etat, M. de la Chap. déja cité, & M. le
N.... Commiſſaire Ordonnateur au Cap, mal-
heureuſement enlevé à cette Colonie, qui honore aujourd'hui un poſte plus élevé. Le génie de
ces trois ne diminue même rien aux talens que
l'on connoît à ceux que je ne cite pas, pour
ne les avoir pas connus par moi-même.

comme un homme qui a befoin d'a-vancement. On ne croira plus qu'une Colonie qui doit avoir tous les arfe-naux d'un port, mais qui a des peu-ples, un Commerce, des Loix, ne forme que par faveur de fon premier Magiftrat, l'Intendant d'un port; & qu'il faille avoir gouverné des hom-mes pour gouverner des ouvriers. Les Intendans choifis dans la Marine, le feront parmi les Intendans mêmes; & s'ils rentrent dans les ports, ils y ren-treront fans décheoir ni accroître. Ofe-rois-je le dire? Oui, puifque le zéle me juftifie. Le Brevet de Confeiller d'Etat peut être quelquefois, fur les lieux mêmes, l'ornement & la ré-compenfe de la Magiftrature fuprême, après de longs fervices qu'il femble qu'on y devroit perpétuer. Couronner les fervices feroit les prefcrire; & afin de les faciliter, ou même de les réa-lifer, on ne peut diffimuler que le re-tranchement des prérogatives dures, déprimantes, abufives, ne foit le pre-mier honneur à faire aux Intendans; qu'on ne doive leur procurer l'avantage honorable d'une diminution de droits dangereux, qui augmentera naturelle-ment celui de faire le bien.

Ce n'eſt pas certainement un paradoxe , que de ne point enviſager, comme une prérogative, le droit de faire le mal. C'en eſt un au contraire, & c'eſt celui des petites Ames (au nombre deſquelles il faut mettre les Ames ambitieuſes) que de rechercher dans une condition commune dont l'éducation a toujours *l'intérêt particulier* pour but , le pouvoir abſolu, à peine pardonnable aux Rois dont les ames déja élevées par l'éclat de la fortune ſont corrigées par une inſtitution ſublime , & dont les oreilles ſont frappées au berceau des raiſons d'Etat , ou du bien public. Qui conſidérera les ſemences profondes du bien que les gtands Citoyens , parmi leſquels je compte les grands Rois, ont jettées dans tout Gouvernement, les trouvera toutes dans la diminution de l'autorité *perſonnelle*. Qui remontera à la ſource des maux politiques, les trouvera dans l'augmentation du pouvoir; & c'eſt dans les conditions communes que ſeront nés ceux que le malheur public a élevés ; les corrupteurs de l'Etat.

L'autorité dans un Magistrat modéré n'est que la dispensation des Loix ; l'autorité dans un Magistrat ambitieux par état , est l'ambition même. C'est tout ce qu'il voit au-delà de lui ; tout ce qui est inexécutable ; tout ce qui conspire contre le bien commun, parce que les Loix qui y concourent paroissent des gênes & des obstacles ; c'est la passion même que le Gouvernement arme , & qu'il ne peut faire respecter.

La diminution des droits des Chefs des Colonies n'est que le retranchement de cette ambition funeste ; c'est l'augmentation des Loix dont ils font les instrumens. Juges sans Tribunal réel, il faut leur en former un : Juges d'un Tribunal armé, il faut en réduire la compétence à peu de matieres : Juges nouveaux dans la Magistrature, & souvent étrangers dans leur propre Jurisdiction , il faut faciliter la réformation de leurs jugemens. Tout se réduit à ce peu de regles.

Former un Tribunal , c'est y créer des Juges , & y faire suivre des Loix fixes. Imaginât-on faussement les ma-

tieres qui y font foumifes purement
domaniales (7), il eft conforme à nos
Loix que les droits du Prince trouvent dans le nombre des *Juges* leur
défenfe contre les entreprifes des particuliers favorifés par un ou deux d'entre eux ; mais fur-tout que les particuliers en trouvent une affurée contre les droits du Prince, dont la force
peut s'armer. Dans la formemême, qui
départira les avis de deux Juges ab-
folus (8), en cas de contrariété ? S'il
n'y a jamais d'oppofition, quel étran-

(7) Voyez au Difc. 16. avec combien peu
de fondement on confond le domaine direct
du Prince fur les conceffions, avec le domaine
utile ; foit pour priver quelques parties du droit
légal de la prefcription dans les conteftations
de terrein ; foit pour ufer de quelque autorité
nouvelle fur les terres par des révifions d'ar-
pentage, des réductions de terre, &c.

(8) La Déclaration du Roi de Juillet 1743
fur le fait des conceffions femble avoir prévû
le cas, indifpenfable dans tout Tribunal, d'une
contrariété d'avis, en prefcrivant aux Chefs
d'appeller au befoin le Doyen du Confeil ;
mais elle n'y a pas remédié. Cette Loi eft du
nombre de celles dont la matiere n'a pas été
difcutée dans les Colonies. Si on la confidere
en elle-même, comme établiffant réellement
un Tribunal de trois Juges, dont un foit pro-

ge Tribunal que celui où deux Parties viennent sans cesse contester dans une nature d'affaires, dont la décision est si claire, même sans Loix déterminées, qu'il n'y a jamais qu'un parti à prendre ; & où il faut visiblement que l'une des Parties compte sur la corruption ! Où, quels Juges singuliers, que ceux qui s'accordent toujours dans une na-

pre à départir les avis des deux autres, elle n'existe pas, parce qu'un Tribunal ne se définit que par sa constitution ordinaire & journaliere. Une Jurisdiction composée de trois Juges est une Jurisdiction où trois Juges se trouvent nécessairement ; car dans toutes, de quelque nombre de membres dont elles soient composées, il ne faut pas de Loi écrite pour appeller du dehors un Assesseur en cas de partage d'avis : c'est la Loi de la conscience, de la nécessité. Lorsque le Tribunal est fondé sur ce secours auxiliaire, il n'est qu'apparent : c'est un Tribunal dont on donne, sans le sçavoir, la Souveraineté ; c'est une Loi qu'on propose à l'ambition d'éluder toujours ; l'Assesseur, le Doyen du Conseil, ne sera jamais appellé. En effet il ne l'a point été, que je sçache, depuis 1743, date de l'établissement de la Loi. Ainsi la Loi n'existe pas plus dans la forme que dans le fond ; & toutes les observations qui suivent dans le texte, de la contrariété d'avis qui est ordinaire dans tout Tribunal, demeurent entieres.

ture

ture d'affaires compliquée & obſcure !
En reviendra-t-on à l'aſcendant que
l'un a ordinairement ſur l'autre, qui
réduiroit ce Tribunal à un ſeul Juge ?
Etablira-t-on un concert mutuel qui
donne le droit de la déciſion à chacun
d'eux à tour de rôle ? Suppoſera-t-on
que les affaires où il y a du pour & du
contre, ne ſont jamais jugées ? Ou enfin
repondra-t-on que dans les cas embarraſſans ils s'accordent à demander le
ſuffrage de leur Greffier , Secrétaire
ſans qualité , qui ne peut avoir d'un
Juge commun que l'ambition de juger :
ce qui feroit penſer à ceux qui ont vû
pluſieurs tems de la Colonie, que preſque tous les cas ont été embarraſſans ;
& que ce ſuffrage a fait juſqu'ici le
ſecret du grand nombre des déciſions.
Toutes les idées de l'ordre politique
conſtituent donc un Tribunal par un
nombre ſuffiſant de Juges actuels. Ce
n'eſt pas aſſez qu'il y ait des Juges ; il eſt
néceſſaire que la multitude les voye
& les compte, & que bien jugée elle
croye l'être. Sa confiance fait la force
des Jugemens ; & je ne penſe pas qu'il
y ait dans aucun Gouvernement de Ju-

H

ges , que la confiance publique recufe, parce que l'évidence de la Juftice qu'il y a lieu d'attendre d'eux en eft le fondement.

La nature des conceffions qu'on a tenues jufqu'ici , & qu'on ne peut tenir que de l'autorité politique , repugne à l'obfervation d'efprits peu réflechis qui ont fouvent paru fouhaiter qu'on rappellât les conteftations qui en naif-fent aux Juges ordinaires ; & elle raf-femble autour des Chefs repréfentans naturels de cette autorité le Tribunal qui en doit prononcer. Ils ne le conf-tituent pas , mais ils en font les chefs. Le genre délicat de ces affaires dont la prompte population d'un canton , ou tout autre avantage politique , peut dépendre , demande un efprit de fuite , & peu de partages d'avis. Voici l'or-dre qu'il paroîtroit qu'on peut fuivre , conformément à ce double point de vûe , pour admettre peu de Juges , mais les avoir en nombre fuffifant , & inftruits. L'on pourroit établir en dif-férens départemens des Subdélégués du Tribunal. Alors dans chaque affaire, le Tribunal feroit compofé des deux Chefs qui préſident , du Doyen du Conſeil du lieu où les Chefs ſiégent (9) ; du Sub-délégué du canton où l'affaire eſt liée, propre à prendre & à donner les inſtructions locales ; de celui d'un département voiſin , accoutumé à voir naître des queſtions ſemblables , à qui l'on remettroit le rapport ; & du Procureur Général du Conſeil , pour y repréſenter le Miniſtere public.

Tout rentreroit dans l'ordre. Le Greffier réduit à ſes fonctions de témoin & de dépoſitaire , ne ſeroit point ſuſpect d'uſurper le jugement : il épargneroit aux yeux le ſpectacle aviliſſant de ces concluſions toutes rédigées qu'il envoye dans la forme actuelle au Procureur du Roi de la Juriſdiction de la réſidence des Chefs. Tout ſe concilieroit. L'autorité repréſentative demeureroit aux Chefs. Le Doyen du Conſeil ne bleſſeroit point les yeux dans ce nouveau luſtre ; ce ne ſeroit point une élévation fortuite , critiquée ſans fon-

(9) Ce droit doit être commun au Doyen du Conſeil du Cap pour les affaires de ſon territoire , lorſqu'il ſera ſur les lieux où les Chefs réſident.

H ij

dement par les uns, jalousée par les autres sans titre pour y prétendre, qui produiroit un nouveau crédit à charge au public : celui des Subdélégués, eux-mêmes Juges, ou Membres des Cours Souveraines, aussi facile à pardonner & à supporter, seroit momentané & réduit à peu d'affaires. Tous les autres caracteres d'un Tribunal se dévélopperoient de ce principe constitutif. Il y auroit un lieu, & un jour d'audience fixe ; bientôt des matieres maniées, approfondies, naîtroient toutes les Loix de tempérament, ou d'un droit rigoureux ; le peuple rassuré reconnoîtroit ses Juges, adopteroit leurs Jugemens.

Sa confiance seroit surtout bien avantageusement confirmée, s'il voyoit ces Juges abdiquer souvent le pouvoir ; éviter les contestations, & se plaire à appeller les Juges ordinaires jusques sur les confins de leur propre Tribunal. Cette justice suprême ne peut être sûre si elle n'est renfermée dans des bornes étroites. Un point de séparation naturel entre les deux Ordres de Jurisdictions, sembleroit être une distinction entre les contestations qui naîtroient des titres des concessions de terre encore en leur intégrité, qui demeureroient affectées au Tribunal ; & celles qui naîtroient des contrats survenus sur ces titres, qui seroient portées aux Tribunaux ordinaires, compétens en tous sens pour connoître des conventions. Toutes les anciennes concessions sur lesquelles il y a eu communément des traités ou des acquiescemens respectifs, & dans le Jugement desquelles on ne peut pas prétendre que l'esprit & la lettre ne peuvent être mieux pénétrés que par ceux-mêmes qui ont concédé, (tous titres la plûpart déja couverts par la prescription légale) échapperoient à l'attribution. D'autres Loix rédigées dans le même plan sur des observations exactes, diminueroient encore sensiblement le nombre des matieres sur les concessions nouvelles ; & ce Tribunal qui succombe aujourd'hui sous la multiplicité des affaires, respireroit alors.

Je ne crois pas qu'on m'objecte le danger de voir passer le plus grand nombre des contestations aux Tribunaux ordinaires, puisque dans le vœu général toutes devroient y être (10) portées. Le danger n'est pas évidemment la diminution des affaires du Tribunal d'attribution ; c'est leur augmentation.

Une Loi conséquente de la sépararation des matieres (11) seroit celle qui obligeroit toutes les Parties de plaider d'entrée de cause, avant que d'être

(10) Outre l'avantage d'un plus grand nombre de suffrages qui se trouve dans les Tribunaux ordinaires, il y en a un particulier dans le doublement des dégrés de Jurisdictions, dont l'effet est d'éclaircir mieux les affaires, d'inspirer la confiance, & de donner plus de consistance aux Jugemens. Il est rare qu'on se pourvoie contre de seconds Jugemens, tels que ceux d'appel : il est commun qu'on appelle des premiers Jugemens, tels que ceux d'attribution.

(11) Cette Loi dans sa simplicité est d'un usage admirable à d'autres égards. Elle permet de pénétrer l'esprit des plaideurs, de démêler leurs intérêts & de les concilier. Avantage inestimable dans un Tribunal, qui tout grand qu'il est, est le plus populaire de tous ; & n'étant dans son principe que l'exécution de la libéralité & de la bienfaisance du Prince, doit par la douceur & les tempéramens, perpétuer dans les Jugemens dès contestations entre les donataires, l'esprit même du don.

admifes à écrire. Cette forme générale de procéder établiroit, à la fimple infpection des pieces, & fans faire courir le rifque aux Parties de déplaire par les demandes en renvoi, la compétence dont le Jugement ne peut être ôtée à ce Tribunal. Il femble que les lieux ne permettent point de laiffer fubfifter le danger d'une prévention, ou d'une concurrence, de la part des autres Tribunaux ; & d'ailleurs préfumeroit-on dans des Juges en titre l'affectation de juger dans un lieu, & fous une forme extraordinaire, ce qu'ils peuvent juger fous une forme ordinaire, & dans leurs Tribunaux naturels ?

Dans le cas néanmoins où quelque affaire s'égareroit dans le Tribunal d'attribution, il femble que les Juges en contracteroient une obligation plus particuliere d'examen & d'expédition : mais dans tous, l'extrême facilité d'avoir juftice fur les appels eft effentielle au plan d'une réformation utile.

Ces appels fe portent au Confeil d'Etat. En renvoyant à faire confidérer dans le même lieu, & fous le même point de vûe, ce qui leur eft commun avec les voyes de caſſation (12) qu'on employe contre les Arrêts des Conſeils, & pour ſe borner ici à ce qui leur eſt particulier, on peut, ce ſemble, en prenant le contrepied des formes actuelles qui rendent preſque tous les appels infructueux ou dangereux, les rendre tous utiles ou ſans inconvénient.

Il eſt de la nature des choſes qu'un pareil Tribunal armé par la force, & aſſiégé par la flatterie, dans l'éloignement des remedes, ne rende jamais de Jugement proviſoire : car le définitif ayant la proviſion (13), il n'eſt pas juſte qu'un poſſeſſeur puiſſe être deux fois dépoſſédé, & ſuivre deux appels en Europe, pour deux Jugemens ſemblables dans le fonds.

Il eſt de la nature des choſes qu'une Juriſdiction de premiere inſtance ne

(12) Voyez le Diſcours 9.

(13) Voyez le Diſcours 2. Je ſuppoſe pour l'intelligence de ceci qu'un particulier appelle d'un Jugement qui le dépoſſede par proviſion : l'Arrêt du Conſeil ſur l'appel ne peut que le remettre en poſſeſſion. Si ce particulier ſuccombe au définitif, il eſt encore dépoſſédé. Dira-t-on qu'il doit laiſſer accumuler les deux Jugemens pour éviter les frais ?

foit point égalée aux Cours fupérieu-res ; ce qui n'eft point conféquent d'une raifon d'honneur & de prééminence , mais d'un principe réel de juftice qui accorde plus de degrés de certitude aux affaires deux fois examinées , qu'à cel-les qui n'ont fubi qu'un examen : fur ce fondement il eft convenable que le ter-me fatal d'une année donné pour fe pourvoir en caffation d'Arrêts , ne foit point le terme péremptoire des appels de Jugement de terrein ; & très-eflen-tiel que le droit de ces appels n'encoure que la prefcription commune (14) des Jugemens de premiere inftance.

Il paroît enfin contre la Jurifprudence reçûe , que les Jugemens de terrein

(14) La prefcription de l'Ordonnance eft de 10. années. C'eft envain qu'on allegue , pour trancher, la néceffité de hâter les Etabliffemens en fucrerie , qui feroient , dit-on , arrêtés par l'incertitude du Jugement définitif. La politi-que ne favorife pas moins la culture des terres en indigo , qni en rend en tout tems la remife facile ; que la culture en fucres , qu'on fuppofe pouvoir être faite dans le cours des dix an-nées , qui en rendroit la remife difficile & compliquée , par la nature de ces Etabliffe-mens toujours très-coûteux. Il eft d'ailleurs très-établi dans les Colonies que la meilleure politique , celle qui favorife le plus la popula-

saisissent de plein droit & sans intervalle. C'est non plus les égaler aux Jugemens souverains qui accordent souvent un délai pour délaisser la possession d'un immeuble (15); mais les préférer & les mettre au-dessus des Loix mêmes , rien ne marque mieux l'empire de la force que cette exécution. La douceur du Gouvernement , & la nature de ce Tribunal , prescrivent des circuits , des tempé amens , une circonspection toute opposée à ces formes violentes. La provision (dont le droit est au surplus

tion, est la simple Justice distributive. Elle a un caractere de certitude que ne peuvent acquérir les spéculations arbitraires. Quand ces spéculations auroient un fondement , a-t-on jamais prétendu qu'il fallût dépouiller un citoyen injustement , & en faire courir le risque à tous, pour rendre le commerce plus utile ? Je n'ai parlé que de la prescription précise de l'Ordonnance de 1667 , & non de celle de 30 ans, que l'usage a confirmé pour les appels des premiers Jugemens, &c : mais dans le cas même de cette prescription, voyez à la note (17), combien elle auroit peu de danger.

(15) C'est aussi l'esprit de l'Ordonnance de 1667. dans les deux premiers articles du titre 20. qui ont pour objet d'accorder un délai pour délaisser dans le cas même d'une condamnation pure & simple.

nouveau) (16) ne doit être (ce semble accordée à ces Jugemens qu'une
année entiere & révolue après leur
fignification, à défaut d'un relief d'appel dans cet intervalle ; elle ne doit
l'être, dans le cas de ce relief fait en
tems utile, qu'après une autre année à

(16) Ce n'eft que depuis une quinzaine
d'années que ces provifions ont commencé. On s'en eft paffé jufqu'à ce temps fans
inconvénient. C'eft une bonne Loi à faire,
fi elle n'étoit faite de tous tems , que celle
qui laïffe la poffeffion à celui qui l'a , jufqu'au Jugement final du titre. La Loi de
la *provifion* , qui y eft contraire, date à peu-
près de l'établiffemént du Greffier de l'Intendance. Tant que les Généraux & Intendans
ont jugé feuls, étoient-ils faillibles? Depuis
qu'un Secrétaire autorifé rapporte les procès,
ne le font-ils plus ? D'ailleurs cette Loi fur
la provifion exifte-t-elle ? J'en ai oüi parler ;
j'en ai vû les effets ; je ne l'ai jamais pû découvrir. Peut-être s'eft-on fimplement prévalu de l'art. 2. du titre 8. du Confeil, qui, en
accordant la provifion aux Ordonnances des
Commiffaires départis, n'a jamais eu en vûe
des Jugemens fur des matieres réelles, ni même
des jugemens émanés d'un Tribunal en forme
Les Jugemens de terrain ne font pas des Jugemens d'Intendant ; mais des Jugemens d'un
Tribunal, dont il eft membre.

défaut d'un appointement (17) obtenu
au Conseil d'Etat fur l'appel. Le point

(17) Suivant ce plan, un Jugement rendu
entre majeurs & préfens , n'auroit l'effet de
faifir que deux années après avoir été donné : ce qui dans les vûes générales d'équité &
de politique n'eft point trop dans les Colonies, où il eft jufte de donner à un cultivateur
dépoffédé le tems de fe placer ailleurs utile-
ment, & fans une ruine totale. Ce parti feroit
pris par celui qui fe trouveroit bien jugé. Celui qui croiroit l'être mal, fe pourvoiroit ; &
alors, ou il négligeroit fon appel , ou il le
fuivroit. S'il le régligeoit, il n'auroit à im-
puter fa dépoffeffion qu'à lui-même. Dans ce
cas, il feroit jufte qu'après une troifiéme année révolue fans fuite de l'appel, celui qui a
obtenu le Jugement fût autorifé à bâtir &
établir à fon gré (fauf en cas d'infirmation pof-
térieure du Jugement , fon rembourfement
en entier avant que de délaiffer). Si la Partie au
contraire fuivoit l'appel, elle auroit juftice,
& celui qui a obtenu le Jugement pourroit
aller en avant de fon côté ; ce qui fait fentir
que les appels traîneroient peu, & que dans
tous les cas ils ne pourroient préjudicier aux
établiffemens courans. Dans ce cas, dans celui de la fuite donnée à l'appel, il feroit jufte
que fur l'allégation de la Partie qui eft hors
de poffeffion, qu'elle ne peut fournir aux frais
du procès, l'Arrêt d'appointement du Confeil
fur l'appel ordonnât que les Juges du Tribunal d'attribution enverroient les motifs du

de vûe enfin eſt de la conſidérer moins

Jugement, & leur avis ſur la demande inci-
dente ; & que ſur cet *avis* rapporté, le Conſeil prononçât en connoiſſance de cauſe le
ſéqueſtre des biens conteſtés, & une proviſion
égale ſur les revenus aux deux Parties ; ou
ſans ſéqueſtre, une ſimple proviſion avec caution de rapporter, ou ſans caution. Il y auroit
à éviter que d'un côté un détempteur injuſte
ne jouiſſe pas des moyens excluſifs de ſe perpétuer dans la poſſeſſion ; de l'autre qu'un in-
trigant qui n'a rien, & ſûr de plaider ſans dé-
bourſés, ne tente toutes ſortes de demandes,
& n'y donne ſuite.

Il eſt évident que le ſéqueſtre & la proviſion
doivent être ordonnés, ſans *avis* préalable, ſur la
demande de l'ancien poſſeſſeur qui auroit été
dépoſſédé par le Jugement, faute de s'être
pourvu avant les deux années révolues ; car ſi
ce n'étoit pas un effet de l'intrigue ſur les lieux,
cela ſeroit au moins arrivé par un défaut de
moyens. Voyez la note 46 du Diſcours 9.

Que dire du ſéqueſtre ? Seroit-il général &
abſolu ? Il y a bien des nuances dans de pareilles Loix. Il paroît du moins que le poſſeſſeur actuel devroit être, par la nature des
biens des Colonies, autoriſé à adminiſtrer &
cultiver ; & que le ſéqueſtre ne doit s'entendre que d'un dépôt de tous les revenus, ou de
partie : ce qui peut ſervir de regle pour tous
les ſéqueſtres des Colonies, dans tous les
cas.

Une note n'eſt point un Code. Il eſt im-

déférée au Jugement, qu'à la confeſſion muette de la partie léſée, qui ne ſe pourvoit pas, ou s'eſt pourvûe inutilement.

En un mot nulle proviſion interlocutoire ; nulle ſur le définitif, qu'après un tems ſuffiſant pour éprouver le jugement, ou par la démarche des parties, ou par l'Arrêt des Juges ſupérieurs ; & l'extenſion naturelle rendue aux appels. Voilà, ce ſemble, peu de -régles, & elles ſuffiſent pour rétablir la confiance des peuples, dans qui la mémoire des écarts de l'autorité eſt bientôt effacée par les bienfaits préſens du Gouvernement, & qui ne craint jamais l'abus des Loix, mais leur défaut.

Les Chefs déſarmés dans l'exercice de l'attribution commune, reſteroit-il d'autres vœux à former que pour le retranchement de l'attribution particuliere, & du droit d'évocation ? Ce droit, le plus cruel & le plus dangereux inſtrument de la Souveraineté d'un Chef, inutile au Prince & funeſte aux ſujets,

poſſible de raſſembler en quelques lignes tout ce que l'on ſent, ce que l'on penſe, ce que l'on peut prévoir, & d'y faire les conciliations des *lieux*, des perſonnes & des circonſtances.

ne cédera-t'il pas à cet effort général du gouvernement arbitraire pour se replier ? Ne doit-il pas s'évanouir sur les premieres plaintes, comme ces bulles d'air que le premier souffle détruit ? Quand cet Ecrit que je consacre à ma vive sensibilité sur le sort des Colonies, en déposant, dans le silence général, des dangers du pouvoir *personnel*, ne feroit qu'attacher les yeux du Ministere sur ce dernier abus qui les couronne tous, je devrois me tenir heureux. Quand il ne parviendroit qu'aux mains de quelques personnes privilégiées qui vivent dans le monde sans y acquérir l'indifférence universelle, & dont le cœur s'intéresse encore aux hommes ; qui puissent enfin sentir & parler ; ces discours vifs, ces cris du sentiment, se font entendre où on ne les croit point entendus, ils transpirent lentement jusqu'aux sources de la Puissance ; & je me tiendrois encore heureux. Je le serois encore, si faisant passer dans les esprits l'heureuse chaleur dont je suis pénétré, je montrois le droit d'attribution dans les Colonies, tel qu'il est, un phantôme qui n'a de réalité qu'autant qu'on le crée chaque jour soi-même, & qu'on le revêtit d'un Corps : si je rappellois l'esprit de dignité dans tous les Juges, & que je les persuadasse qu'en concourant librement à ces Jugemens, ils descendent & se dégradent ; & qu'un refus généreux de s'y prêter, réduisant ceux qui veulent user de ce pouvoir dangereux à s'associer de simples Praticiens, ou à y renoncer, détruit en effet ce droit, en fait disparoître l'usage.

IX DISCOURS,

Suite des Remedes.

DANS le balancement des divers pouvoirs des Colonies, il me semble voir une main habile charger l'un des baffins des poids qu'elle vient d'ôter de l'autre, & par des compenfations repetées fixer enfin l'équilibre. La partie de la puiffance ôtée aux Chefs eft remife aux Loix. C'eft dans leur impénétrabilité que fe trouve la réfiftance qui peut contrepefer le commandement, & l'adminiftration politique. D'un côté la repréfentation de la puiffance du Prince ; de l'autre la juftice, fa plus vive image : entre elles, le contrepoids de la Loi.

Ce feroit un abus de croire que le maintien des Loix puiffe être confié à ceux qui ne les peuvent craindre : c'eft à ceux qui les craignent, & qui les aiment. Les Cours Souveraines en font le dépôt naturel. Il n'y a qu'une critique frivole qui puiffe faire regarder celles des Colonies comme dérogeantes à la nobleſſe de leur inſtitution. En admettant, comme elle le doit, le déſintéreſſement, le zele, en un mot la vertu de chacun des membres, elle s'eſt ôté le droit de conteſter la vertu de tous. L'oppreſſion de ces Corps n'en peut être le vice ; ni la foibleſſe qui en eſt l'expreſſion. S'ils ne méritent pas encore un ſi grand dépôt, il faut les en rendre dignes en les en chargeant. Il n'y a point de petite Cour de Juſtice, qui ne devienne grande avec de grands objets.

La réformation des Cours Souveraines entre donc dans le plan de la légiſlation des Colonies ; & elle ſe réduit à une conſtitution mâle & vigoureuſe de ces Corps, qui permette aux membres d'avoir de la dignité, & aux Corps d'avoir un uſage.

La conſtitution actuelle a pour premier objet d'ôter toute connoiſſance du droit public à des Corps, à qui le Prince a accordé le droit d'impoſer les Sujets, & d'avoir des caiſſes publiques : monument de la confuſion de tout droit, & de l'obſcurité des principes originaires du Gouvernement ! Mais plus cette conſtitution produira cet effet d'une politique particuliere, moins elle ſera propre à produire les effets que la politique générale a en vue dans l'établiſ-ſement des Cours de Juſtice. L'eſprit d'aſſerviſſement n'eſt point l'eſprit de lumieres & de régle : il n'admet point, il écarte cet eſprit public, ce génie du bien général, l'inſtinct légiſlatif qui anime par - tout ailleurs les grands Corps. L'autorité prévaut toujours contre des Juges *gourmandés*. La crainte de déplaire, de ſe faire remarquer, même par les vûes du bien public, eſt l'eſprit de leurs aſſemblées. Ils s'obſer-vent également dans les affaires parti-culieres, dans leſquelles ils ſont diri-gés, ou croiſés, par le crédit ſecret ou le pouvoir déclaré. La police géné-rale, la particuliere, celle des Siéges inférieurs leur échappe (1). Tout eſt droit public, parce que quand l'auto-

(1) Rien de ſi rebattu, que les diſcours per-pétuels ſur le droit excluſif des chefs à la police générale. Rien de ſi ordinaire, que de voir tout ramener à cette police générale, même les inſ-pections particulieres, telles que celles des boucheries, dans leſquelles les Cours ſouve-raines n'ont jamais penſé, & les Juges ordi-

rité a agi, même séduite, trompée, contre toute régle, c'est une question de ce droit de sçavoir si l'autorité doit reculer; si la représentation n'est point blessée par l'aveu d'une erreur; si elle doit souffrir le compromis des Juges. Tout en vient nécessairement, d'un côté à l'arbitraire messéant de la part des Chefs, de l'autre au découragement & au silence du zéle & des talens de la part des Juges; & la constitution dont le but a été de borner les Corps à juger les particuliers, *les y rend inhabiles*, ou *inutiles* (2).

Une constitution réelle présente un tableau différent. Elle rameneroit le devoir, qui ne peut actuellement se trouver dans l'observation des Loix

naires n'ont jamais réussi, à mettre l'ordre, sur le vain fondement d'une politique particuliere faite, dit-on, pour ménager, dans la difficulté des approvisionemens, des fournisseurs regardés comme nécessaires, & qui ne l'ont jamais été. L'artisan se trouve sous la protection ou la censure immédiate des chefs; & dans un lieu où toutes les conditions sont mêlées par l'autorité, le Juge suit cette Loi commune sans pouvoir espérer, ni oser réclamer, l'appui des Juges supérieurs.

(2) Voyez la note 13 à la page 201.

qu'on ne peut fuivre ; le zéle qu'on a
fouvent puni ; l'amour du bien public
qui fe cache & fe dérobe dans la profondeur d'un filence qu'on foupçonne,
ou qu'on accufe. Elle peut-être confi-
dérée par ce qu'elle a d'extérieur ; ou
par fes principes intérieurs. Il y a une
conftitution phyfique des Corps de Juftice, qui renferme le choix, le nombre,
la qualité des membres qui les compo-
fent ; & une conftitution harmonique
qui établit, ou fixe leurs droits & leur
ufage. Comme dans l'homme, ce qu'il
y a de phyfique, l'organifation des
corps, modifie l'ame même qui en eft
indépendante de fa nature. La forme
qu'on donne aux Cours de Juftice in-
flue directement fur l'ufage auquel on
les deftine, en eft le principal mobile ;
& le choix des Juges eft la marque, &
l'inftrument, de la force qu'on veut donner au Tribunal.

J'ai fouvent vû agiter la queftion
de la refonte des confeils ; on a parlé
d'y rendre les Charges venales, & de
foumettre les offices, même actuels, à
un achat. De très-bons Efprits, d'un autre côté, ont en tout tems regardé com-

me une néceffité indifpenfable (3) d'appeller d'Europe des Légiftes appointés
par le Gouvernement, pour remplir la
plus grande partie des Charges. Diroit-
on que le projet de la vénalité a été fe-
cretement enfanté par l'autorité à qui il
ôtoit le pouvoir arbitraire fur les perfonnes des titulaires ; & que celui des
Juges appointés fans titre d'achat, &
par-là affervis au pouvoir arbitraire, a
toujours été répété par les Citoyens ?

Diroit-on qu'entre deux mauvais
projets, celui du Gouvernement alloit
le plus au fait, étoit le moins mauvais ;
& que l'un & l'autre pouvoit atteindre
un but approchant avec de nouvelles
modifications ?

Rendre les Charges venales dans les

(3) La feule confidération qu'aucun vice de
conftitution ne peut ôter aux Cours fouverai-
nes, eft celle qui réfulte de la Juftice gratuite.
Où la nature des lieux le permet, c'eft une efpéce de Juges très-bonne à maintenir, que celle
des Juges qui n'ont aucun prix à attendre de
leurs fonctions. Il n'y a pas de membre des
Confeils qui voulût fe foumettre à l'appointement ou aux épices ; & je penfe qu'il faut une
grande caution du fuccès dans d'autres parties
de la conftitution, pour altérer celle-ci.

Colonies, c'eſt les mettre entre les mains des parvenus, qui ont communément le plus l'entiere diſpoſition de leurs revenus ; & les ôter des mains de ceux que les talens, ou une naiſſance plus diſtinguée, y deſtinent : mais en faire trouver les fonds dans la caiſſe publique ; en faire faire le prêt par le Gouvernement, avec la condition de l'intérêt courant qui en feroit le rembourſement (4), c'eſt toujours laiſſer ſubſiſter principalement le choix entre les mains du Gouvernement ; c'eſt y faire concourir plus particulierement les Cours de Juſtice, ſi vous leur souf-frez, non-ſeulement un ſuffrage libre

(4) Ce projet a été imaginé ſur les lieux. L'on pourroit anticiper (comme on l'a fait pour d'autres objets) ſur le recouvrement de quelques parties d'impoſitions à écheoir, pour former ce fonds ; & le rembourſement s'en feroit à la caiſſe publique en vingt années, par l'intérêt de cinq pour cent que payeroient les pourvûs. Mais on ſent, dans le ſyſtême d'une Juſtice gratuite, combien il feroit ridicule de faire payer le droit de ne rien reçevoir, à moins qu'on n'ajoutât au projet la vétérance, & la propriété de la Charge au bout de vingt années ; & c'eſt une inſtitution particuliere qui ne préſente rien que de confor-me à la juſteſſe, & à la juſtice.

pour les réceptions, mais si vous leur permettez encore (& à elles seules exclusivement) de présenter un sujet qui fasse de lui-même les fonds d'une Charge (5), avec droit de préférence sur celui qui n'offre que les fonds du Gouvernement.

D'un autre côté, former les Conseils de Légistes d'Europe appointés, c'est anéantir le droit attaché à la naissance sur les lieux, qui est un motif d'encouragement & de population ; c'est exposer les Corps (désormais un objet de cupidité) à l'invasion des Secrétaires & des Créatures ; c'est mettre la connoissance des affaires locales de culture, l'imposition, & le droit public, entre les mains de ceux qui ne possédent rien : mais laisser le choix (comme l'a proposé un très-bon Citoyen) de quatre Avocats pour faire

(5) Il arriveroit souvent, sans cette précaution, que les pourvus sur les fonds publics seroient des créatures récompensées. Présenter, en ce cas, de la part des Conseils, est la maniere de refuser qui compromette le moins l'autorité, & qui bride le plus les Juges dans de pures fantaisies qu'on voudroit leur supposer.

la

la fonction de Conseillers Rapporteurs en titre d'office dans chaque Conseil, au Bâtonnier & aux six plus anciens Avocats du Parlement de Paris (6), est un moyen de conciliation excellent entre l'embarras de n'avoir que des Légistes sans connoissance des intérêts politiques des Colonies, ou n'avoir que des esprits cultivés & instruits de ces intérêts, mais Jurisconsultes peu profonds ; c'est fondre ensemble toutes les qualités nécessaires à ces Cours de Justice & en former le véritable esprit : c'est visiblement ôter le poison & le danger du projet.

(6) Il est visible que ce correctif remédie essentiellement aux dangers déja prévus du projet, & le rend très-proposable. On ne peut cependant dissimuler que la propriété qu'on voudroit dans le projet donner à ces quatre Conseillers de faire exclusivement les rapports, n'est pas d'une politique si réfléchie. Cette affectation feroit deux corps dans un. Il est conforme au but d'assurer, ou de multiplier dans les corps, les connoissances judiciaires : il lui est contraire de toutes façons de distinguer les connoissances judiciaires, du *service*. On ne peut trop mêler les *usages* de tous les membres dont on veut composer les Cours de Justice des Colonies.

I

Mon objet n'eſt point de chercher tout ce qu'on pourroit faire, mais ce qu'on doit faire. L'expoſition de ces projets ne donne encore aucune idée de ce que j'appelle conſtitution des Corps : ſi je n'avois pénétré plus loin, je n'aurois rien vû. Pour ſuivre mon plan, je dois faire ſaiſir les choſes comme je les ai apperçues, & n'embraſſer que les principes : ſi l'on balançoit donc à donner une idée déterminée à ce terme, voici ce que j'entends par conſtitution.

Il eſt de la conſtitution eſſentielle d'un Corps, à qui l'on confie un dépôt de Loix propres à réſiſter aux tems & à une autorité d'un ordre différent, que ſes membres ne ſoyent point amovibles *ad nutum* (7), & ne puiſſent perdre leurs Charges que par l'événe-

---

(7) Je dois être court, & n'apporte qu'un exemple. Les Conſeils ſe ſont conſervés ſeuls en poſſeſſion de faire les taxes d'épices dans les Colonies. Un membre d'un de ces Conſeils y dénonça il y a quelques années un Receveur public qui percevoit un droit concuſſif. Il eut le courage de ne point écouter les excuſes frivoles du Receveur, qui ſe prétendoit autoriſé par un ordre verbal d'un des chefs. Il eut celui de ne point reconnoître un

ment du procès qu'on leur fera subir ; ou le rejet unanime de la Compagnie. Et la chose est évidente : car sans cela l'on sent assez que le nom seul du Prince intervient aux cassations ou révocations fortuites, & que c'est en effet l'autorité même arbitraire des Colonies qu'on veut enchaîner, qui les exige & les prononce.

Perpétuez une commission, celle qui effraye le plus les peuples, il s'en formera un corps ; les Commissaires disparoîtront, vous aurez des Juges : rendez un corps flottant & incertain, ôtez ce qu'il y a de fixe à l'état de ses Membres : ce n'est plus un Tribunal, vous aurez des Commissaires.

C'est une suite du même principe que les Conseils déja à couvert de la

réglement très-dangereux de ce Chef, qui n'avoit été ni enregistré, ni présenté à l'enregistrement, dans l'exécution duquel ce droit sourd se percevoit. La religion du Ministre fut surprise ; & ce Magistrat integre fut cassé, expatrié, & est mort loin de la Colonie. Qu'en coûtoit - il plus à ceux qui gouvernoient alors, pour faire casser tous les autres membres, aussi coupables, ou aussi généreux, pour regner sur des débris ?

force ouverte dans leurs titulaires ; soient à l'abri de la ruse dans leurs affeffeurs ; que ces derniers y soient de fimples furnuméraires , & ayent la certitude de remplacer des titulaires avec le vœu , & fur la fimple demande de tout le Corps , à mefure que les vúides y furviennent. L'équité feule s'oppofe à ces déplacemens , & par-conféquent à l'ufage des fimples affeffeurs triennaux. Rentreront-ils dans la claffe des fimples Citoyens , des Miliciens ? Veut-on faire des effais de Juges ? tout eft vifiblement lié , tout a rapport , non à l'ordre judiciaire , mais à une politique très-dangereufe , fi l'on choifit bien ; inutile , fi l'on choifit mal ; mais toujours cruelle , puifqu'elle commence par corrompre.

L'établiffement de quatre affeffeurs nommés au-delà des douze titulaires eft fage & avantageux, & donne l'idée d'une école de vertu & de lumieres , où la jeuneffe diftinguée vient fe former à la haute Magiftrature : mais cet établiffement fera toujours abufif , fi la proportion du nombre admis à ce titre , ne répond pas à celle du remplacement ; c'eft-à-dire, fi les af-

sesseurs qui ne peuvent pas être commis pour un tems indéfini, parce que ce
seroit un chemin différent pour conduire au même danger qui est la perpétuité de l'assessorat, & l'avilissement
des Corps, ne le font pas exactement
pour un certain nombre d'années qui
leur permette, selon le cours ordinaire
des choses, de remplacer des titulaires
éteints. Si le nombre des assesseurs se
trouve complet, s'il est même excédent (8), lorsque celui des titulaires
n'est pas rempli, l'abus est consommé.

Le nombre de quatre assesseurs commis pour cinq ans, semble répondre,
suivant les supputations, au remplacement de douze titulaires dans les
Colonies. Si ce nombre excéde encore,
diminuez-le : mais une fois établi,
quelle raison spécieuse y a-t-il pour
différer le remplacement d'un titulaire,

______

(8) Les Chefs n'ont droit de commettre
qu'à quatre places d'assesseurs, & il s'en est
trouvé six, dans un tems où il n'y avoit que
cinq titulaires réels dans un de ces Conseils.
Que dire de la régularité & de la *solidité* des
Arrêts, où deux assesseurs sans voix légitime
ont concouru?

I iij

qu'il n'y en ait d'équivalentes pour différer le remplacement de deux, de
trois; & pour ramener les choses au
pied vicieux de la constitution présente ?

Laissez aux Corps le soin de décider
si les surnuméraires leur conviennent.
Les Corps ont un fond de délicatesse
& d'instinct qui n'appartient pas proprement aux membres, mais à leur
assemblée ; & qui les a rarement
trompés.

Par ces moyens simples d'une politique élevée qui ne craint pas les Loix
& les employe, vous fixez la dignité
des Corps; par une conséquence in-
time, vous maintenez celle des membres, & la Justice privée libre & res-
tante dans leurs suffrages : mais la Justice même rendue par ces Juges, ne
peut éclater au-dehors, & se consa-
crer dans les arrêts, s'il n'y a une
juste proportion (9) entre leur nombre,
& celui des membres honoraires qui
ont droit de suffrage.

C'est un cri *plébéien* dans les Colonies,

____

(9) Voyez la Note (13) déja citée, à la page
201.

que celui qui reclame contre l'entrée des Officiers d'épée, & de plume, dans les Conseils. C'est vouloir d'une administration publique, & n'en point vouloir les instrumens. Rien n'est plus sacré, & n'établit mieux les formes mêmes du droit que les peuples peuvent conserver à cette administration, que le concours de tous les ordres en un seul, qui ait la portion de la Puissance que le Prince veut bien remettre aux Sujets. Le peuple confond aisément le danger, & le vice d'une institution. L'arrangement fortuit du Gouvernement des Colonies a produit en ce genre ce qu'on eût pû attendre de la délibération, & du Conseil ; mais ce qui n'étoit point danger dans ses commencemens, l'est devenu par l'augmentation du peuple & des possessions : c'est à la politique à l'adoucir, & à le convertir en un usage doux & populaire. L'Officier, Juge *nécessaire* des matieres publiques, ne peut pas descendre du Tribunal, lorsqu'on traite des affaires particulieres. Le silence sur ces dernieres matieres, lorsqu'elles surviennent, répugne au droit de présence qui ne s'effectue que par le suffrage.

L'embarras augmente enfin en confidérant, que fi l'honneur des Militaires prend aifément le caractere de l'intégrité des Juges (10), les lumieres que ces derniers leur partagent ne leur deviennent jamais propres ; & que plufieurs fuffrages que défirent les Loix n'en valent en effet qu'un, qui les élude avec danger par une multiplicité apparente.

Pour moi en rendant naïvement compte des fentimens qui m'ont affecté en diverfes rencontres, je trouve que le vice de la conftitution en ce point a déja été fenti (11), & qu'il fe trouve dans le nombre prépondérant de ceux

(10) Rien n'eft plus à craindre que les injuftices habituelles, qui viennent de Juges qui ont à cœur l'honneur & la juftice ; car le vice vient alors en quelque façon de la nature, & eft irrémédiable.

(11) Tous les Officiers de l'état Major de la Colonie étoient, il y a vingt-cinq ans admis, par un abus dont le principe fera détaillé plus loin, (*p. 205) dans les Cours Souveraines. L'on s'apperçut qu'ils pouvoient traduire, & qu'ils traduifoient en effet, les Confeils en Confeils de Guerre ; & en confervant à tous les Officiers le droit de féance, il fut reglé qu'il n'en pourroit entrer à la fois que deux de

qui ont ce droit, nécessaire & dangereux : ce qui est une affaire de calcul.

Chaque Conseil est composé de douze Juges titulaires. A en supposer les trois quarts (12), rassemblés (ce qu'on n'a pu presque jamais effectuer,) ils seront balancés, dans les affaires où l'autorité voudra forcer les remparts de la forme, & déterminer une affaire publique ou particuliere, par neuf suffrages (13) pris hors de l'ordre des Juges, toujours très-facilement con-

chaque grade. Il est clair que les mémoires donnés alors au Ministre firent sentir l'abus, mais ne firent pas sentir le remede ; car l'abus subsiste dans la reforme même.

(12) On peut s'assurer qu'avec la meilleure intention de la part des Chefs, l'on manquera encore quelquefois d'exactitude pour les remplacemens ; & qu'avec la plus grande exactitude, la mort, plus prompte que le pouvoir humain, les maladies, les voyages, les transmigrations, laisseront à peine subsister neuf Titulaires toujours présens dans la Colonie.

(13) La reforme dont on a parlé aux Notes (2) & (9), laisse encore l'entrée indifféremment dans chaque Conseil à deux Lieutenans de Roi, deux Majors, un Gouverneur, deux Commissaires de Marine, qui, joints au Gouverneur & à l'Intendant, font neuf suf-

voqués , & réunis. Si les titulaires
s'affemblent tous , on en peut admettre , fans craindre de voir attaquer
la fuppofition , au moins deux intimi-
dés , ou dans les préventions de l'au-
rité : & alors l'autorité l'emporte, à
deux voix de Juges effectifs, contre dix
autres qui proteftent inutilement ; ce
qui doit paroître fur-tout'fingulier dans
les affaires particulieres , & n'eft pas
fans exemple.

Il femble que le remede de cette
conftitution vicieufe eft facile à apporter par un plan modifié qui renferme
deux moyens différens , mais relatifs.

frages. Le fpectacle de l'efpece de *machinifme*
qui fait defcendre ces fuffrages préparés dans
la Salle des confeils , eft quelquefois donné
aux Colonies : on a vû fur l'état connu de la
féance, en demander un de plus , un de moins,
& toujours le nombre exact pour la prépondé-
rance ; mais en écartant tous ces exemples ,
il eft d'une évidence phyfique que les Officiers
d'Epée font dans l'un des Confeils quinze environ à fournir le nombre de cinq, pour lequel
ils entrent dans les neuf fuffrages ; qu'il ne peut
conféquemment jamais fe trouver de vuides ,
parce qu'un de ces Officiers en fupplée un
autre , tandis que des vuides irréparables fe
multiplient dans la claffe des Juges.

L'un eft de s'affurer par un calcul
fondé fur des états comparatifs des
féances des Confeils, d'une féance
moyenne où, quoique tous les membres honoraires qui y ont entrée foient
raffemblés, leur nombre n'égale pas la
moitié des titulaires (14) ; de façon
qu'il faille, dans le cas prévû auquel
on veut remédier, en corrompre ou
en féduire le tiers. Le calcul néceffaire pour y parvenir eft fimple ; car
il conduit au moindre nombre poffible, c'eft-à-dire, à un de chaque efpéce d'honoraire ; à un Gouverneur,
un Lieutenant de Roi & un Commiffaire de Marine. Rien n'eft contraire
aux principes conftitutifs dans ce nouvel arrangement : l'ordre politique
qui a pour objet d'honorer ces Etats
dans la perfonne de quelques repréfentans, & non les repréfentans mê-

____

(14) S'il n'entroit en effet dans une féance
qu'un Gouverneur, un Lieutenant de Roi, &
un Commiffaire, il fe formeroit, avec celle
des deux chefs, cinq voix qui, au nombre de
neuf Titulaires, ne pourroient l'emporter
qu'appuyées dans les affaires civiles du tiers de
ces Titulaires, & de plus du tiers dans les affaires criminelles.

mes que l'ordre judiciaire en exclud naturellement, est visiblement satisfait.

L'autre moyen de rendre efficaces les remédes, est également fondé sur le berceau de la Colonie. Il tend à admettre même une espéce de choix dans ces représentans forcés, en attachant à de certains départemens fixes le droit de siéger (15); parce qu'alors le Ministere considéreroit les qualités propres à ces représentations, dans la destination qu'il feroit des départemens.

Cette idée est-elle même en projet ? Ou la forme actuelle des séances des Conseils n'est-elle pas plûtôt un projet de Gouvernement absolu, médité successivement par les Chefs, mais qui

(15) Je ne parle pas d'un Major, il est du même ordre de représentans que le Lieutenant de Roi ; il ne feroit que le répeter, & détruiroit la proportion que l'on cherche. Les Lettres Patentes d'établissement du Conseil Souverain du petit Goave, en donnant une entrée fixe à deux Lieutenans de Roi, &c, qui étoient alors les seuls, semblent l'avoir attachée à ceux qui succéderoient dans leurs départemens, & non indifféremment à tous les Etats Majors nouveaux.

n'eſt pas conſommé par le Miniſtere ?
Sera-ce en effet écarter des Conſeils
les Officiers ; ou ne ſera-ce pas plûtôt admettre ceux qu'indique le droit
originaire ?

L'erreur des Militaires eſt venue des
apparences qui les ont trompés , &
leur ont fait croire qu'ils tenoient ces
honneurs à titre de prérogative du
commandement même : & comme l'illuſion du pouvoir eſt étrange , ils ont
cru honorer le Corps qui les honoroit.
Ce préjugé a viſiblement ſon fondement hiſtorique. Les premiers Lieutenans de Roi étoient réduits à deux
qui commandoient preſque toujours
dans toute la Colonie , & aux Juges
guerriers mêmes avec qui ils ſié-
geoient (16).

(16) Ceci eſt le fondement du droit attribué
au petit nombre des premiers Officiers de la
Colonie de S. Domingue. Il eut été contre la
ſituation actuelle des choſes , que des Commandans Généraux euſſent abandonné à leurs
Subordonnés une Juriſdiction excluſive , à laquelle ils n'euſſent pas participé ; ou que ſié-
geant avec eux , ils ne les euſſent pas précédés.
Les Conſeillers étoient tous Capitaines de Milices , & il n'y en avoit point qui ne relevât
directement, dans des occaſions fréquentes , de

Cette même erreur, mais moins fondée encore, parce qu'elle eft privée de la décoration réelle, & des fervices d'un certain éclat, du moins préfumés, qui peuvent faire illufion ; a féduit les Officiers de plume, fouvent fimples Commiffaires aux claffes, mais fucceffeurs d'un feul plus populaire qu'eux, que la fimplicité des manieres & des ufages a mis quelquefois à la tête de la Juftice de ces premiers tems.

Il faut rectifier par les dehors les préjugés que les apparences ont établis. C'eft un ufage (ce femble) plus abufif que celui même qui y donne lieu, de fixer un ordre de féance diftinguée pour les Officiers de plume & d'épée. Un ufage nouveau qui ne l'accorderoit qu'aux Gouverneurs, & qui réduiroit celle des autres honoraires à l'ordre de réception, feroit plus conforme au but

l'Officier qui le précédoit. Aujourd'hui, c'eft un tableau tout différent ; tous les membres d'une féance ne dépendent pas, même pour le département, des Officiers qui fiégent ; & l'on ne peut pas dire qu'il y ait une fupériorité *directe* des derniers fur les premiers, ou que les uns menent les autres à la guerre.

qui est de ne former qu'un Corps, & d'en former un réel.

Ce même point de vûe doit rendre incommutable le droit de préfider dans la perfonne des Juges : d'abord dévolu à l'Intendant de Juftice, il doit de lui paffer au Membre qui, fous lui, eft le Chef de la Juftice ; & celui qui l'eft, eft celui qui paroît l'être ; que le coup d'œil du peuple diftingue aifément, & qui n'eft que *cela*. Attacher avec affectation ce droit à d'autres titres, c'eft déprécier le droit même qui eft conféré. C'eft avec un découragement fingulier que la juftice des Colonies a toujours vû une efpece de fuprématie dans les Corps, fixée à des grades étrangers, & inférieurs au grade judiciaire. Les brevets de premier, ou fecond Confeiller, donnés aux Commiffaires de Marine, ôtent tout rang réel à ceux qu'on exclud des premiers (17). S'il eft néceffaire, comme on cherche à le per-

(17) Le Commiffaire ordonnateur, deftiné ouvertement à fuccéder au titre d'Intendant après l'Intendant actuel, doit certainement avoir cette diftinction. Elle le prépare à une plus grande, & cette gradation eft une nuance néceffaire dans l'efprit du peuple pour y établir

suader ; que celui qui préside entre dans les vûes du Gouvernement, un Président tiré de l'ordre des Juges y seroit-il moins propre qu'un autre ? L'espece d'ambition attachée aux emplois qui sont liés au secret de l'Etat, ne les rendroit même que trop propres au secret des Chefs qui y gouvernent.

Que le Prince ait couronné les services d'un sujet, qu'il l'ait tiré de quelque Corps que ce soit pour lui confier l'Intendance d'une Colonie, ce choix fait son élévation ; & son rang unique laisse subsister tous les autres dont il est le lien : mais faire considérer un Ordre distingué de Citoyens qu'il a quitté, comme un Ordre de l'Etat ; y chercher les talens, y faire trouver les honneurs exclusifs, c'est, contre l'intention & l'esprit du Ministére, le genre de népotisme le plus singulier dont on ait l'exemple.

Tels sont les principes de la constitution physique des Corps de Justice. Quelques conséquences naturelles y éta-

___

son élévation. Hors de-là, ces brevets semblent être contre l'esprit de la réformation de la Justice.

bliroient une forme extérieure qui concourreroit à les maintenir dans leur force constitutive. Une de ces conséquences sembleroit exiger qu'à l'avenir tous leurs Membres fuffent gradués (18) : une autre auffi fenfible (19), qu'il y eut un parquet compofé, au moins de deux Membres : une autre, que les affaires fuffent plaidées avec dignité, & que le titre d'Avocat fut reftitué à ceux à qui le hafard (20),

(18) Indépendamment de la décence, & de l'ordre obfervé dans tout le Royaume, cette conféquence fuit du principe de mêler les différens inftrumens des Cours Souveraines, dans le cas où l'on y placeroit des Juges appointés tirés de l'ordre des Avocats.

(19) Tout Corps à qui l'on confie une autorité, doit avoir une fuite de vûes & d'attentions. Cet efprit de fuite ne peut fe trouver que dans le Parquet, dirigé par l'efprit même du Corps. Il eft impoffible qu'un feul Procureur Général fatisfaffe, même à l'affiduité indifpenfable aux féances du Confeil. Un Avocat Général feroit un Agent plus décent qu'un Subftitut, pour le remplacer. L'on ne doit pas craindre de mettre par-là dans les Confeils des gens qui ont droit de parler ; car à ce défaut, le Procureur Général a lui-même ce droit.

(20) L'on n'a jamais pu concevoir comment deux Chefs, dont un eft Militaire, fe font mi-

plus que la délibération, l'a enlevé fans néceffité.

Je ne parle pas des privileges des Membres (21). Le refpect pour leurs fonctions eft le premier de tous. C'eft

mifcés à donner à quelqu'un par titre les fonctions d'Avocat. Avant la forme actuelle, de fimples Solliciteurs de procès défoloient le pays par leurs écrits, & les Parties plaidoient elles-mêmes. Il fut très-expédient de claffer ces Solliciteurs ; mais lorfque des Avocats des Parlemens fe font préfentés, ils avoient un droit réel qui n'avoit befoin, pour s'effectuer, que d'une fimple permiffion des-Juges du Tribunal où ils vouloient plaider. Ces places ne font point propres à placer les Recommandés, parce qu'elles demandent un talent, au moins commencé. L'autorité n'y fait aucun gain, même apparent : c'eft à un hazard tout à fait étranger qu'on doit fon immixtion ; il paroît qu'il faudroit rétablir les fimples permiffions.

(21) Le terme de privilege eft un terme relatif ; la moindre marque de diftinction qui fe trouve entre les membres du Confeil & les particuliers, pour les redevances des Terres aux ouvrages des Communes, ou à la défenfe publique, établit le privilege. Il eft d'une fauffe délicateffe de contefter fur le plus ou le moins : c'eft contefter, fans le fçavoir, fur le lucre.

La Nobleffe paroît être un privilege plus diftinctif & inféparable de l'état des Juges d'un Tribunal Souverain. Donner à quelques mem-

un grand privilege, c'en eſt un unique, de ſervir gratuitement & ſans privileges.

J'en viens à la conſtitution harmonique des Corps, c'eſt-à-dire à leur emploi.

Leur premier uſage eſt de défendre le peuple par les Loix contre l'oppreſſion privée. Partout ailleurs les grands Ordres de l'Etat ſont entre le Prince & le peuple : dans les Colonies, tout ſe reſſent de ſa grandeur & de ſa libéralité, tout bénit ſa clémence, le Prince relâche ſans ceſſe les rênes du Gouvernement ; les Corps n'y peuvent donc

bres des lettres de Nobleſſe particulieres, c'eſt la conteſter à tous les membres, & écarter de la Colonie les familles patriciennes, qui y ſeroient affectées de marques trop ſenſibles de dérogeance : ce qui ſeroit contraire à la population. Quand la Nobleſſe ne ſeroit point dûe au titre, le doute favorable lui eſt dû ; mais il faut la conſidérer comme dûe. C'eſt le ſeul moyen politique de la faire acquérir dans la Colonie, & d'en faire un nouvel attrait.

Le droit de *committimus* eſt inutile, ou odieux, dans les Colonies. Il n'y a pas de membre qui voulut ſe prévaloir du droit de plaider en premiere inſtance à ſon Tribunal. On ne ſçauroit diminuer la fauſſe crainte du crédit par trop de degrés de juriſdictions.

être qu'entre le peuple & l'*autorité particuliere* de ceux qui commandent. C'est aux Cours Souveraines à concourir au bien général par le plus grand concert avec la repréſentation ; c'est à leurs Membres à donner à tous l'exemple du reſpect & de la ſoumiſſion pour l'autorité politique. Loin de toute bonne police dans les Colonies la maxime dangereuſe de faire triompher les Loix avec éclat de l'autorité, même lorſqu'elle uſurpe ſur les Loix. La modération eſt l'eſprit de leur inſtitution ; la circonſpection eſt celui de leur uſage. C'eſt en ignorant, ou en reſpectant les ordres violens des Chefs, qu'il faut ſecourir le particulier opprimé contre celui qui les obtient. C'eſt en dédommageant la partie léſée qui réclame les Loix, ſur les biens de celui qui les a violées par l'effet d'un crédit injuſte, dans le cas d'une ſaiſie tortionnaire (22), d'une vente forcée, d'un emprifonnement indû, qu'on venge les Loix & qu'on les maintient.

(22) Telle pourroit être la ſaiſie des Negres de travail pour une dette civile ordinaire, prohibée par l'Ordonnance de 1685, appellée

Cette noble simplicité, éclairée, soutenue, imprime aux Cours de Justice cette force qu'on attribue à la gravitation d'un corps vers un centre, la force même de la nature. Bientôt les flatteurs intéressés du pouvoir ; les oppresseurs obscurs ; tous ceux qui ont le crédit de nuire, si commun dans les Colonies où l'on ignore encore celui de servir, se lasseroient de faire entrer dans leurs desseins de vengeance, ou de fortune, l'autorité qui n'y pourroit plus servir qu'à leurs risques ; & l'autorité étonnée, flattée, du redoublement du respect des peuples & de la confiance des Juges, sentiroit le gain qu'elle a fait à ses pertes,

Des vûes plus générales, un usage plus grand se développe pour les Cours de Justice. C'est la législation civile de la Colonie. On y use d'un droit incertain ; c'est à la puissance du Prince à le fixer, c'est à la vigilance des Juges à en rechercher les moyens. La découverte des Loix utiles & nécessaires

vulgairement le Code noir ; ou la vente forcée de ces mêmes objets, de quelque maniere qu'elle eut pu avoir lieu par un ordre surpris aux Chefs.

reſte à faire après celle de l'hémiſphere même. Nul Juriſconſulte ne peut en Europe (23) ſe flatter d'appliquer les principes judiciaires ſans les connoiſ-ſances locales ; nul ſur les lieux (24) ne peut aſſez connoître, pénétrer, pour avoir tout connu, pénétré : la légiſla-tion n'y peut être l'ouvrage de l'homme;

(23) M. de Fourcroy étoit un homme cé-lebre, & qui méritoit ſa réputation. On le chargea de la rédaction des Loix pour la police des eſclaves des Colonies, du Code noir. Le nom d'eſclave fut un préjugé pour lui, qui fit diſparoître les lieux, les circonſtances, les convenances ; & il fut chercher dans les Loix Romaines tout ce qu'il falloit pour rendre ſon Code inutile. De ſoixante Articles, on en ob-ſerve à peine ſix. Conſultés des Loix en Eu-rope ; vous aurez des Loix pour l'Europe.

(24) Les vûes d'un homme, même habile, dépendent de ſes préjugés, de ſon humeur, de la varieté de ſes connoiſſances, du lieu de ſon ſéjour. Le dernier point ſur-tout eſt plus eſſentiel qu'on ne penſe. Tel homme d'eſprit ne connoît point la Colonie, pour n'avoir vécu que dans les Villes, & avoir ignoré la Campagne ; les jugemens ou les obſervations des Juges, dépendent de ce que tous les Juges ſçavent & connoiſſent, & de tout ce qu'on leur prouve après un grand intérêt de conteſter les preuves.

ce fera le chef-d'œuvre du tems , & des circonftances.

C'eft tromper le Miniftere , que de lui propofer pour les Colonies une Loi folitaire , qui ne peut s'appuyer des autres Loix qui la défendent. C'eft l'a-bufer , que de lui faire croire que la légiflation y dépend d'une perfonne ; & que ce que l'un n'a pu faire , un autre le fera. C'eft fervir au contraire l'Etat, que de révéler ici que la maxime de folliciter quelques Loix féparées eft celle des Chefs qui ont voulu paroitre néceffaires ; & que la maxime du Ci-toyen eft d'indiquer la maniere de chercher les Loix , & les fources où elles peuvent être.

Par une pareille erreur (25) on a cité , & l'on cite encore avec tranf-ports , le Gouvernement d'une autre

(25) Cette Colonie, qui eft affez connue, a fait quelques pas vers la perfection ; mais en pareil cas, c'eft une extrême imperfection de s'arrêter , parce que l'on vient dans cette iner-tie à perdre même les moyens qui ont procuré ces foibles biens.

L'exemple de cette Colonie nuit plus qu'on ne penfe à S. Domingue , par l'imitation de fes Loix imparfaites qu'on y veut porter. On y

Colonie, moins imparfait que celui de S. D. , moins parfait qu'il ne devroit être. Il y a des Loix ; on les y multiplie : & cependant le commerce y est un oppresseur tyrannique ; la population , dûe uniquement à la politesse du territoire (26) , y diminue les commodités ; les formes de régie y font plus dures , le Gouvernement y est aussi impérieux , & il y a un nouveau faste de manieres à y supporter pour le peuple dans les corps qui y font un peu plus accrédités (27). C'est une réformation qui a besoin d'une

consolidera les vices de la Constitution , parce qu'on s'imaginera faussement les avoir réparés ; ou compensés. C'est d'une source plus générale , & plus abondante , qu'il faut tirer les Loix.

(26) La M ** est fort peuplée , non à raison du tems de sa population , mais à raison du Territoire. Les commodités de la vie n'y ont jamais été plus restraintes, ni moins générales : le commerce y fait vivre , n'y procure aucune abondance , & n'attire point d'ailleurs ; ce qui est son effet naturel. On y va peu , & on n'en fort point. Cela doit dépendre d'un vice secret.

(27) Mde. de L.... disoit en arrivant de la M... où elle étoit née , à S. D. où son mari venoit prendre le Gouvernement général :

autre.

autre. Je ne propoſe pas de faire beaucoup de Loix, mais d'en faire peu ; de
rendre un peuple moins malheureux
qu'un autre, mais de le rendre heureux. C'eſt un très-faux point de vûe
en politique de croire, que quand une
Colonie eſt aſſurée à l'Etat, le Gouvernement y eſt bon : partout il faut
que le peuple jouiſſe de la domination.

Que font au reſte toutes ces Loix
mandiées fourdement ? Compromettre
l'autorité avec l'autorité, les Chefs
avec les Corps. Si les Chefs les imagi-
noient, ils les conſulteroient avec les
meilleurs Juges, & il n'y auroit jamais
matiere à diſcuſſion. Quand elles émanent de leur Bureau, ce font des Loix
ſubites, dont le refus d'enregiſtrement
a toujours des ſuites, parce que les
petites ambitions ne cédent jamais.

C'eſt à pluſieurs eſprits, & en quelque maniere à pluſieurs tems, qu'il faut
s'adreſſer pour demander les Loix. Elles
feront la ſimple rédaction d'un corps
de Juriſprudence ſuivie, & la Juriſpru-

<hr>

*Les Conſeillers de S. D. ſont polis comme les
Officiers de la M...; & les Conſeillers de la
M.... ſont hauts comme les Officiers de S. D.*

K

dence n'eſt qu'une ſuite d'obſervations ſur les mêmes eſpéces repétées. Rien n'indique mieux le beſoin , que le beſoin même : rien n'indique mieux les remédes que les remédes mêmes ; c'eſt-à-dire les Jugemens réitérés , & par là marqués du ſceau de l'équité.

Les Loix doivent eſſentiellement ſe rechercher par eſſai. L'eſſai des Loix ſe fait par les reglemens , & l'eſſai des reglemens par les jugemens. C'eſt un ordre naturel , conforme à celui des idées , & aux uſages de l'équité qui n'a nulle part permis à la politique de prévenir , ou de forcer les beſoins.

Cette méthode indique quel eſt l'inſtrument naturel des reglemens dans les Colonies. Ils appartiennent viſiblement à ceux qui ont les jugemens , parce qu'eux ſeuls ont la connoiſſance réelle & approfondie des beſoins; c'eſt-à-dire, aux Cours Souveraines. L'òn n'ôte rien aux repréſentans de l'autorité politique qui y ſiégent , ou y préſident. Le droit qu'ont les Chefs de faire reglemens de *concert* avec les Cours, doit repréſenter celui qu'auroient les Cours de les faire avec les Chefs ; les Chefs ne ſont nommés les premiers que par dignité. Dans ces principes il n'y a de reglemens faits de *concert*, que ceux qui se déliberent & s'arrêtent librement par tous les membres dans la chambre même d'assemblée.

On a déja dit (28) que ce concert s'interprétoit d'une rédaction faite par les Chefs seuls de *leur certaine science*, & d'un simple enregistrement aux Cours. Les Loix ne s'expliquent pas par des jeux de mots : il n'y a pas encore d'exemple dans les Etats Monarchiques d'un homme, ou de deux, à qui le Prince ait conféré le droit de faire des Loix. C'est une partie de son autorité qui ne *se représente* point.

Cette forme est vicieuse & a des dangers inombrables, dont le plus frappant est la mauvaise qualité des Loix, & leur inexécution. On ne parle point des reglemens inexécutables (29) : le refus d'enregistrement en a ôté le *con-*

(28) V. le Disc. 6. sur les *Conseils,* p. 129. &c.

(29) Dans ce nombre s'est trouvée une Loi même, faite sur des projets venus des Bureaux des Colonies, qui a été enregistrée. C'est une Déclaration du Roi du premier Mars 1744, dont l'objet étoit de fixer les jauges & mesures à S. D. Par un article, il étoit dit que

vert, néceffaire pour leur donner force de Loix. On fe tait fur ceux dont les Chefs ont voulu fuivre l'exécution fans enregiftrement (30), parce qu'ils ne font que des efforts paffagers contre les Loix. Les bons reglemens même (31) font ignorés, par le peu d'intelligence qu'en ont eue les Cours à leur naiffance, & le peu d'intérêt qu'elles ont par-là trouvé à leur donner fuite. Les bonnes Loix

toutes les bariques de fucre auroient un certain poids : ce poids, à jauge égale, dépendoit du terrein & de la faifon où fe faifoient les fucres, plus ou moins péfants, fuivant ces circonftances fecretes indépendantes de l'homme. C'étoit forcer la nature, ou foumettre le Marchand à une diverfité impraticable de jauges, à une condition impoffible. Cette Loi, bonne du moins pour les jauges des barillages d'Europe, eft demeurée depuis le premier jour dans une inexécution totale & générale. Voyez ce qui eft dit à la note (35) page 225.

(30) Tel étoit le réglement fur les Epâves qui donna lieu à un compromis déja cité. Voyez les notes (7) & (34) de ce Difc.

(31) On parut défirer dans le cours de la guerre derniere différens Réglemens fur les payemens en denrées; on les propofa, & l'on ignoroit qu'il y en avoit de pareils de M. Mithon enregiftrés depuis trente-cinq ans.

d'un autre côté , faites fur des projets venus des Bureaux des Colonies, font refpeɛtées & exécutées (32), mais fourmillent d'équivoques; elles ne font pas rendues fur des cas obfervés.

L'ufurpation exercée par l'autorité politique des Colonies feroit-elle même un extrême danger , puifque ce feroit violer la Loi fondamentale pour faire des Loix civiles. Pour ne point exagérer cette ufurpation , il eft naturel de penfer qu'à cet égard les inftruɛtions particulieres des Chefs ajoutent au titre de leurs provifions. Les inftruɛtions , fi elles ont eu lieu , ont pû avoir un principe de fageffe dans la confidération de l'exténuation des Cours de Juftice : mais par-là même , elles ne font que des Loix accidentelles & perfonnelles ; elles font un remede pour le moment , non un établiffement pour l'avenir : de forte qu'en faifant voir que ce reméde , jufqu'ici inutile , a empêché la guérifon du mal politique qui en eft le prétexte , il eft naturel de conclure que , ceffant d'être

(32) Telle eft la Loi fur les tutelles de 1744 , celle fur les émancipations , &c.

un abus par l'approbation fecrette du miniftere, il fera par l'événement un mauvais ufage contraire à fon but.

Voici, ce me femble, la raifon de ce mauvais fuccès. Les inftructions, ou l'approbation fecrette, ont remédié à l'exténuation des Corps ; mais non à la trop grande force de l'autorité, qui eft une vraie foibleffe. Les Chefs des Colonies choifis dans un âge avancé pour le courage, la fidélité, & les qualités propres aux Etats dont ils font tirés, n'ont été obligés, dans ces claffes particulieres, d'en acquérir aucune qui réponde aux connoiffances propres à la légiflation. Si le climat d'un autre côté s'oppofe à l'activité dans les Cours de Juftice, il diffout pareillement les Chefs : aucune raifon de préférence à cet égard. L'Etat doit fe défier de tous ; ne fe fier à aucun par choix, mais par délibération à plufieurs comparés les uns aux autres, dans différens tems, & différentes circonftances. Les Loix doivent fuivre très-tard les réglemens.

Le projet d'une bonne Loi feroit celui où l'on rapporteroit le fait à régler ; les différens Jugemens rendus fur la même matiere , & leurs motifs ; les raisons de préférence dans leur diversité ; les inconvéniens connus de ces Jugemens , & les avis pour les adoucir dans le syftême des Jugemens les mieux fondés du même genre qu'on adopteroit pour bafe de la Loi.

Dans tous ces points de vûe différens ; foit qu'il faille éviter les dangers de l'abus , ou de l'inexécution ; foit qu'il faille confulter à propos , ou examiner avec plus de fruit les projets , ou affurer les Loix faites ; c'eft aux Juges qu'appartient la principale part dans les réglemens provifoires qui font les matériaux , les projets des Loix.

Je ne fçais point comment l'on pourroit s'y paffer de leur concours direct : on concevroit mieux qu'ils fe paffaffent du concours des Chefs par une voie très-juridique. En effet , qu'en décidant les cas qui n'ont point de Loi , à mefure qu'ils fe préfentent , ils déclarent l'Arrêt rendu Arrêt de réglement ; & qu'ils en ordonnent la publication aux Cours inférieures , ils tranchent la queftion. Les réglemens leur appartiennent par la feule action de leurs Jugemens.

L'embarras que l'on trouveroit à laisser les Juges des Cours Souveraines maitres des reglemens, auroit-il son fondement dans la nature même des réglemens ? C'est ce qu'il faut examiner.

Les réglemens sont, ou simplement civils; c'est-à-dire, établissant une Jurisprudence particuliere dans toutes les matieres du droit privé, autres cependant que les statuts *personnels*, ou *réels*, sur lesquels je ne sçache pas qu'aucune Puissance autre que le Prince ait encore entrepris de statuer : ou ils concerneront le droit public, qui ne peut avoir d'autres branches dans la Colonie, que ces trois : la police générale des domiciliés ; les droits de Justice du Roi ; & dans la matiere des impositions, les impositions mêmes ; ce qui sert à les établir, comme les jauges, mesurages ; & ce qui en devient la suite, comme les comptes & les comptables.

Il est inutile d'user de redites pour les matieres civiles : leur sort est réglé par l'établissement des Tribunaux.

Quant aux matieres du droit public, la même observation a lieu pour la police générale qu'on a établie comme fa

premiere branche. Rien n'empêche les
Juges des Conseils prévenus d'un défaut de police, ou d'un désordre public, dans des lieux de leur détroit,
d'y remédier efficacement par un reglement général, & d'employer à son maintien l'entremise des Juges inférieurs.

Les droits de Justice sont de la nature des statuts ; c'est le statut du Prince. Une semblable matiere ne tombe
pas en réglement provisoire. Celui seul
des Negres épaves (33) touchant à la
discipline des esclaves, & par conséquent à celle des maîtres dans les cas
généraux de cette espéce de propriété,
peut comporter un réglement : car ne
s'agissant plus de la nature de l'épave ;
c'est-à-dire, de sçavoir à qui les esclaves abandonnés & vagues appartiennent, mais quand les esclaves qui font
reclamés en vertu d'un titre de propriété, le feront valablement (34), ce ne

(33) Les Negres épaves font les Negres
égarés qui *ne veulent* ou *ne peuvent* dire le nom
de leurs maîtres ; & qui à défaut de réclamation, appartiennent au Roi comme Haut-
Justicier.

(34) J'ai parlé à la note (7) d'un Membre d'un Conseil sacrifié pour le courage

fera plus qu'une Loi civile propre à régler les formes générales de conftater la propriété des efclaves, qui peut être appliquée à l'inftruction de l'épave, comme à tout autre cas.

qu'il témoigna contre une vexation publique autorifée par un Réglement non enregiftré. Ce Réglement étoit pour la réclamation des Epaves : fon but, ou fa forme, étoit de gêner ces réclamations, & de rendre les manieres de juftifier la propriété d'un efclave fi difficiles, qu'en général l'efclave reftât au fifc. Il exigeoit comme un titre conftitutif de propriété l'étampe, efpece de marque imprimée avec un fer chaud aux efclaves arrivans d'Afrique. L'humanité interdit aux Colons de mutiler ainfi les efclaves nés dans leurs maifons; l'expérience des défertions occafionnées par cette précaution cruelle empêche auffi de marquer *de nouveau* les efclaves déja flétris d'une marque par un Maître précédent : de forte que, s'il eût été poffible que les efclaves euffent été inftruits des facilités que ce Réglement leur donnoit d'appartenir au Roi (condition toujours plus douce) le fifc pouvoit profiter par leur défertion, fuivie d'un filence obftiné, des deux tiers des efclaves de la Colonie. Nos Rois juftes & humains, veulent être jugés, dans les affaires de leur Domaine, fur les mêmes principes que leurs fujets; & il eft clair qu'entre particuliers on ne feroit pas de l'étampe une preuve indifpenfable, & exclufive de propriété.

Quant aux impositions, c'est un don du Prince que le droit d'accorder au Prince. La Colonie s'impose elle-même par la voie des conseils. S'ils réglent les impositions, ils réglent les imposables. Les jauges & mesurages sur lesquels les impositions s'établissent désignent ces imposables, & sont des matieres qui sont exclusivement propres à ces Cours (35). S'il y avoit à établir quelques formes nouvelles sur la maniere de percevoir les revenus, & d'en faire compter dans la Colonie, quelque police sur les comptables (36),

(35) Les jauges & mesurages de la Colonie sont visiblement des suites des impositions ; & la Loi définitive dont il a été parlé à la page 219 (indépendamment de son inutilité lorsqu'elle fut proposée, suivie de la désuétude subite) étoit contradictoire avec le plan du Gouvernement politique.

(36) Les Commis des Tréforiers Généraux de la Marine sont exceptés, parce que les Tréforiers n'ont d'autres fonctions dans les Colonies, conformément à une Déclaration du Roi du 4 Mars 1744, que de recevoir le produit net des octrois, tel qu'il est apuré par l'Intendant & deux Conseillers de chaque Conseil ; & qu'ils sont, pour les dépenses, sous la seule autorité de l'Intendant dans les Co-

il eſt encore évident que ces matieres les regarderoient.

Non ſeulement donc la nature des matieres des réglemens proviſoires ne répugne pas à les laiſſer traiter par les Juges, mais même la plûpart des eſpéces leur ſont excluſivement attribuées. La Juſtice & l'ordre concourent avec l'utilité publique pour donner au *concert* réglé entre les Cours Souveraines, & les Chefs, l'extenſion la plus favorable.

L'on pourroit rechercher s'il ne ſeroit pas dans l'ordre des choſes mêmes, dans la police des Tribunaux, quelques moyens qu'un art bien dirigé pût employer pour ſaiſir le développement de toutes les circonſtances, ou pour hâter la maturité des objets ſur leſquels il faut ſtatuer par des Loix nouvelles ? Je crois pouvoir en déterminer deux. Par l'un, chacun des Conſeils de S. D. aſſurera les connoiſſances locales de ſon territoire, fixera dans ce rapport ſa Juriſprudence : par

lonies, & en Europe de la Chambre des Comptes du Parlement de Paris, à laquelle les comptes ſe rendent.

l'autre, les deux Conseils compareront en quelque maniere les lieux différens, & concilieront leurs vûes & leurs décisions : les deux Jurisprudences conciliées formeront la Jurisprudence générale de la Colonie, & la matiere des Loix.

Le premier de ces moyens mécaniques a déja été pressenti. Il a été quelquefois d'usage dans les Colonies, que l'Intendant se fît remettre par le Rapporteur dans les questions intéressantes le rapport de l'affaire, pour l'envoyer au Ministre. On sent plusieurs défauts dans cette forme, qui la rendent inutile au but. Cet usage n'est pas général pour toutes les matieres ; il ne peut l'être (37) ; & ne peut par conséquent servir à une Législation générale. Il est insuffisant, parce que souvent il n'est pas répété sur les mêmes matieres, & qu'on ne peut s'assurer par là des éclaircissemens. Ce n'est pas à

______

(37) Il n'y auroit pas de Cours de justice, même dans les climats tempérés qui permettent la grande application, si laborieusement occupées que les Conseils des Colonies, si leurs Membres étoient astreints à traiter *ex professo* toutes les questions qu'ils jugent.

un feul Jugement fur une efpéce, qu'il appartient d'indiquer une Loi ; ce n'eft pas à un feul Juge, qu'il appartient de donner les raifons d'un Jugement. Cet ufage enfin devient lui-même un empêchement à l'établiffement des Loix particulieres les plus urgentes, par le choix de celui qui le détermine à un objet, ou à un autre : la matiere qui paroît la plus intéreffante à des yeux peu Jurifconfultes, l'eft fouvent le moins (38) ; parce que l'intérêt qui les frappe eft celui des perfonnes & des chofes d'un certain éclat : la matiere qui paroît la moins intéreffante, l'eft le plus ; parce qu'elle fe répéte fouvent, & pour plus de perfonnes, & pour celles qui ayant le moindre dédommagement des mauvaifes Loix dans la Société, y exigent le plus les bonnes : l'oftentation de faire la Loi diminue ; le befoin en augmente.

Quant à la maniere de demander ces éclairciffemens, elle bleffe la digni-

_____

(38) Prefque toutes les Loix générales propofées jufqu'ici ont eu une caufe particuliere & fortuite ; elles n'ont pas eu d'effet général, l'exécution.

té des conseils. Comment un Corps
peut-il être jugé secretement par un de
ses membres qui en donnant son rapport, souvent contraire à l'avis qui a
prévalu, accuse le Jugement ; ou qui
le justifiant, en fait l'apologie, mais
n'en rend pas les raisons, parce qu'il
n'en a pas véritablement l'esprit ? Avec
quels sentimens un membre d'une Cour
Souveraine, bon Juge & médiocre
Ecrivain, se voit-il exposé à communiquer un travail informe pour la lecture du cabinet, & qui n'avoit pas
cette destination ? Pourquoi celui qui
réussit dans cet objet même, demeure-
t-il sans honneur, sans approbation,
dans l'obscurité ; sûr que son nom ne
sera pas plus connu au Ministre que sa
personne, souvent même incertain si
la critique de l'ouvrage, si le portrait
du Juge n'accompagnera pas le rapport ; car on ne peut dissimuler
que les petites inimitiés n'ayent des
exemples, & qu'elles ne se décélent
par les petites choses ? C'est la premiere espéce d'auteurs qui ait été privée de son salaire ; ou de la gloire d'a-
voir fait un bon ouvrage, ou de l'honneur d'en présenter un.

L'examen des Jugemens regarde le Corps même qui les a rendus ; lui seul en peut rendre l'esprit : & cet examen doit être général pour toutes les matieres qui ne font pas décidées par le texte précis des Loix, & celles où il y a un mélange d'usage local. Un Journal du Palais (39) redigé par une députation de Juges, ou par quelques particuliers commis à cet emploi ; ouvrage exact, fait sous les yeux du Tribunal même dans le point de vûe de le rendre instructif pour la Jurisprudence actuelle, & utile pour le projet d'une Jurisprudence fixe ; ouvrage examiné, approuvé, seroit le seul moyen de garentir les éclaircissemens sur les matieres qui demanderoient des Loix ; d'assurer la dignité des Cours Souveraines ; & de la leur faire mériter (40).

(39) Le Journal du Palais de *Paris* est d'une toute autre instruction que celui des Audiences ; ce qui fait voir qu'on ne sçauroit trop choisir la main qui rédige, trop donner d'esprit de suite à cet ordre d'éclaircissement : le premier de ces Ouvrages peut être proposé comme un modele.

(40) Aujourd'hui la volonté de servir le public caractérise la considération dûe aux Conseils. Alors ce seroient les services mêmes.

Le second moyen a la même simplicité. Dans les matieres les plus générales (41) un Conseil pourroit s'instruire de la jurisprudence de l'autre, & rendre ainsi un Arrêt, *consultis classibus*, qui seroit le modéle d'une bonne Loi.

Rien n'empêcheroit même que dans des matieres très-connues, & dont les especes reviennent tous les jours, on ne distribuât très - promptement aux deux Conseils les mêmes questions à examiner & à traiter. Cette distribution générale seroit suivie d'une distribution particuliere de la même question à plusieurs Membres. De là diversité d'avis motivés naîtroit une dif-

(41) Une de ces matieres générales dont les especes sont très-fréquentes, est l'application du texte de la Coutume, ou des usages coutumiers, aux questions de communauté de la Colonie, où la nature d'un mobilier immense exige des modifications. Un des Conseils fit il y a quelques années la proposition de consulter l'autre sur une matiere semblable. La matiere des statuts personnels qui doivent avoir lieu ou non dans la Colonie & entre autres des suites de la puissance paternelle des pays de Droit écrit, est d'un examen aussi indispensable.

cuffion exacte, un éclairciffement entier des matieres : il en naîtroit de
bonnes Loix ; & avant les Loix mêmes
de bons Juges, de grands Citoyens.

Quand on a un droit certain (42),
on obtient prefque toujours une juftice
exacte. Si cependant la nature de l'efprit humain laiffoit quelques Jugemens
imparfaits, ils feroient rares ; ils viendroient des hommes, & du vice de
quelques circonftances particulieres,
ils feroient aifés à réformer dans la
Colonie même, par la facilité que fourniffent deux Confeils d'y renvoyer de
l'un à l'autre à juger de nouveau, en
cas de caffation d'Arrêts (43).

Une forme a fuccédé à l'autre, dans
la maniere de fe pourvoir au Confeil
d'Etat contre les Jugemens rendus dans
les Colonies. D'abord les appels des
Jugemens d'attribution & les demandes
en caffation d'Arrêts fe font portés,
non à la grande Chancellerie, mais au
Confeil des Dépêches, & s'y font

(42) Droit certain eft pris ici pour droit
fixe.

(43) Il y en a déja eu d s exemples. Voyez
ce qui eft dit à la page 240.

jugés, ordinairement après la demande des motifs des Juges. Depuis, les appels ont conservé leur ancien Tribunal ; mais les demandes en caffations fe font portées aux Bureaux ordinaires du Confeil *des Parties*, où elles fe jugent dans les formes du Réglement fait en 1737 pour le Confeil.

Une de ces formes foumet les Jugemens à être réformés fur la Requête d'une des Parties. Avoir découvert, dans une forme dure en apparence, ce que la juftice a de plus délicates attentions, eft un trait qui décéle la profondeur du génie du Magiftrat fublime à qui l'on doit le Réglement. C'eft une de fes meilleures Loix ; mais elle eft relative aux autres Loix du Réglement, aux ufages du Confeil, & aux circonftances même phyfiques de la diftance du domicile des Parties. En effet l'ufage étant généralement de n'admettre de demande en caffation que dans le cas d'une contravention manifefte au texte de la Coutume, ou de l'Ordonnance, la plûpart des Requêtes doivent fe trouver rejettées ; il n'eft pas jufte de déplacer des Parties qui ont la préfomption du Jugement, pour le voir confirmer de nouveau. Dans le cas de la caſſation, ces Parties ſont déplacées plus tard par la voye de l'oppoſition, & toujours à tems.

Dans la poſition d'un éloignement extrême du lieu du Tribunal, où l'on voit clairement que la Partie, contre qui l'on obtient la caſſation, n'a point de remede à oppoſer à une ſurpriſe (44), & n'eſt pas à portée de ſe pourvoir

(44) Le cas des caſſations d'Arrêts des Tribunaux des Colonies a été prévû dans le tit. 4. de la premiere partie de l'Ordonnance du Conſeil, où les délais pour ſe pourvoir ſont expreſſément réglés ſelon les diſtances ; mais les difficultés qui peuvent naître ſur les oppoſitions n'ont pas été prévûes dans le titre 10. des *Oppoſitions.* Par le premier article, *l'oppoſition ne peut être formée que par une Requête ; elle ne peut l'être par un ſimple acte.* Par le ſecond article, *cet acte (s'il a été fait) ne peut être regardé que comme une ſimple proteſtation , & ne peut empêcher l'exécution de l'Arrêt de caſſation.* Il eſt viſible que ces diſpoſitions n'entraînent aucune conſéquence fâcheuſe pour le Royaume où l'on peut en tout tems, & à quelque diſtance que ce ſoit, ſe pourvoir par une Requête avant l'exécution de l'Arrêt. Les Colonies ſont dans une claſſe différente par leur éloignement. Un Arrêt qui y paroîtra *à l'improviſte* ſera toujours

dans les délais par l'opposition , la Loi
se trouve dans un cas qui n'avoit pas

exécutoire, & ne pourra avoir le remede permis
de l'opposition , parce que le voye des Requêtes n'est pas ouverte sur les lieux mêmes.
Il arrivera toujours (ce qui est manifestement
contraire à l'esprit de cette Ordonnance) que
des Jugemens rendus, *Parties non appellées*, formeront un titre paré & irrésistible contre des
Jugemens de Cour Souveraine, rendus en connoissance de cause & *Parties appellées*.

L'art. 3. de ce même titre des *Oppositions*
rend encore pour les Colonies une Partie
qui surprend un Arrêt, maîtresse du droit de
l'autre Partie dans la forme de l'instruction de
l'opposition.

Par cet art. *l'année dans laquelle on peut se*
pourvoir (par une simple Requête en opposition) *& forcer l'Avocat de la demande en cas-*
sation d'y occuper, court du jour de l'obtention
de l'Arrêt de cassation. Après le terme marqué
par cet art. l'article 5. porte, *qu'on ne pourra*
former d'opposition que par une Requête en for-
me de vû d'Arrêt, qui soumet à assigner les
Parties sur les lieux mêmes, *dans les délais*
du Réglement ; c'est-à-dire dans le délai d'une
année fixée pour les Colonies.

En abusant de ces dispositions , la Partie
qui obtient l'Arrêt de cassation ne le fera ni
signifier , ni exécuter dans l'année de l'obtention , parce que la justice qu'on pourroit tirer de la surprise seroit sommaire, son Avocat occupant encore près du Tribunal ; mais

été prévu par le Réglement ; & il semble qu'une Loi contraire (45), ou modifiée, seroit la justice même qui ne fait que se déplacer, & prendre une nouvelle forme, forcée par les circonstances, ou plûtôt par sa nature même qui est de les consulter.

Dans la forme ancienne de se pourvoir, le Conseil pouvoit être mal instruit, ou séduit, par les motifs des

il attendra la révolution de l'année, parce qu'alors il faut d'abord exécuter l'Arrêt ; ensuite l'assigner, après de fort longs délais nécessaires pour former l'opposition, dans un autre délai d'une année.

(45) La Loi modifiée qu'on pourroit souhaiter est dans l'esprit de l'Ordonnance de 1737, qui est de n'admettre que des cassations *de rigueur*, & d'en abréger les instances : & elle se trouveroit exprimée par les dispositions des articles 26, 27, 28, 29 & 30. Par ces articles le Conseil, d'entrée de cause, se détermine *à demander les motifs des Juges, & à faire communiquer la Requête aux Parties inressées.* Ces dispositions préviennent d'un côté les surprises, & de l'autre procurent des instructions étendues. La Loi demandée seroit la loi déja écrite, si le Conseil daignoit regarder la procédure rélative de ces articles comme la régle invariable & uniforme des cassations d'Arrêts des Colonies.

Juges : dans la forme actuelle , il sera toujours trompé par les Parties, & par les apparences. Un Arrêt paroîtra contenir des dispositions singulieres & exhorbitantes : il sera juste & régulier. Une clause en paroîtra peut-être odieuse, dont sur les lieux on cherchera, on se demandera la difficulté sans la trouver, parce qu'on est pénétré de la connoissance du local. Si une Partie intéressée, appuye de faits vagues & d'imputations personnelles le préjugé qui naît en Europe d'autres circonstances qui y sont générales , elle obtiendra souvent la cassation d'un Arrêt qui sera ensuite maintenu en connoissance de cause , & sur l'instruction contradictoire.

L'instruction contradictoire n'y est pas même sans danger. La fortune d'une Partie peut la mettre plus en état que l'autre de suivre un Procès en Europe (46). On ne doit peut être même jamais espérer que les faits & les moyens y

(46) On ne peut avoir l'idée en Europe de l'inégalité réelle qui se trouve dans les fortunes des Colonies , à égalité apparente. Telle nature de biens , tel dégré d'établissement , permet au possesseur de s'éloigner.

foient fentis des Juges, comme ils le font des Juges des lieux, avec l'efprit defquels ils font comme identifiés. Cette confidération fait penfer que dans le cas même de la caffation, il feroit toujours avantageux que le jugement *du fond* fût renvoyé à celui des deux Confeils de

Telle autre nature, tel dégré, fait tout dépendre de l'œil du maître, & ne permet au poffeffeur de s'éloigner qu'avec des rifques infinis, & quelquefois une ruine certaine.

On ne peut pas plus fe figurer les rufes qu'une Partie accréditée peut fourdement employer fur les lieux pour y arrêter fa partie. Il eft de régle qu'on ne peut partir d'une Colonie qu'en y payant toutes fes dettes, ou de concert avec fes Créanciers. Ainfi on fufcitera contre une Partie de vrais ou de faux Créanciers, des procès accidentels qui l'amuferont & lui ôteront les moyens de fournir aux frais d'un procès réel & décifif, tandis que l'autre Partie victorieufe va, munie de crédit & d'argent, choifir fon Avocat, prévenir fes Juges, & furprendre leur religion.

En renvoyant le fonds à juger dans la Colonie, on remédie à tous les rifques ; on ôte aux Parties les plus leftes, leurs armes les plus tranchantes ; l'on diminue la facilité des caffations, qui ne pourroit avoir d'autres effets que d'éternifer les procès, de ruiner toutes les Parties, & de rendre tous les bons Juges des Colonies fufpects.

la

la Colonie qui n'auroit pas rendu l'Arrêt. Les mêmes connoissances dans les Juges amenent les mêmes facilités de les instruire ; la jalousie d'honneur & de gloire qui est entre les deux Tribunaux assurent, pour ainsi dire, la *jalousie* de l'examen. Je ne hasarde ces dernieres observations qu'en raisonnant sur le Reglement de 1737, & sur les usages du Conseil. Ici mes lumieres cessent & sont absorbées par de plus grandes lumieres. Où elles manquent au Citoyen, où la Magistrature se confond dans la splendeur & la majesté du Trône, c'est à un silence respectueux à marquer le zèle.

J'ai peint des maux réels & considérables ; mais je crois avoir peint des remedes. D'autres peuvent suppléer à ceux-ci ; le choix des bons peut être nombreux. J'ai dû en exposer, pour écarter du récit que j'ai fait des maux, l'idée d'une critique injuste & criminelle qu'elle eût encourue, si mon silence eût fait croire ces maux nécessaires & sans remedes. Quelle critique indigne que celle qui se feroit d'un malheur public ! Non ; il y a des remedes : le miniſtere toujours généreux les a cherchés ſans relâche, & les a ſouvent ſuppléés. Les maux ne doivent point effrayer quand peu ſuffit pour les réparer. Si cet ouvrage plaît à la multitude; ſi l'on en concluoit moins de reſpect pour l'autorité, même uſurpée, des Colonies, & qu'il devînt le texte de calomnies obſcures, ou d'applications facheuſes, il eſt déſavoué : qu'au lieu de ſe plaire à une conſidération maligne ſur les fautes du pouvoir arbitraire, contre l'eſprit de l'écrit, contre le vœu de l'Auteur, on admire plutôt les reſſources ſecretes de la conſtitution des Colonies, où les vices & les vertus du ſol temperent cet abſolu, & ſe prêtent ſi facilement à la réformation. Mais ſi des circonſtances forcées retardoient trop le ſuccès des ſoins d'un miniſtere agiſſant, & s'il y avoit lieu de croire que cet Ecrit parvînt à de nouveaux Chefs encore inconnus, qu'il ſoit permis de les encourager à vaincre ce penchant à l'abſolu qui trahit leur dignité même, en la rendant inutile à ſes uſages; & à conſentir enfin à faire le bien, en renonçant à le faire.

Je leur dirois : vous êtes Juges vous-mêmes, faites respecter les Juges, sur-tout ceux avec qui vous jugés : car s'ils ne font rien, vous ne pouvés être tout. Dans l'esprit des Sujets, ce que vous ôtés à leur dignité se reprend sur la vôtre : ils étoient entre le Peuple & vous, ne détruisez pas l'intervalle. Diminuez le pouvoir, vous augmentez l'autorité : vous en acquererez sur-tout une qui vous survivra dans la Colonie, si vous mettez votre grandeur dans vos projets, dans votre affection pour la Colonie, dans votre popularité.

Je leur dirois : asserviffez le Peuple, & rendez le libre : rien n'est moins paradoxe que cette double vûe ; des maximes simples font le point de conciliation. L'asserviffement néceffaire dans une Colonie doit retenir les dehors de la liberté nationale ; l'industrie du changement dans la condition des sujets est dans l'image de la premiere condition. Il est aifé de sentir que, quoique les caufes de cet afferviffement soient actuellement justes, il ne peut être entretenu par des moyens auſſi juſtes : mais déguiſez-les, veillez ſur les écarts de l'autorité ; & que ce qu'on prétend donné à la néceſſité d'un pareil gouvernement, ne le ſoit pas aux paſſions de ceux qui gouvernent, ſouvent de ceux qui les approchent.

Je leur dirois : l'art eſt à ſaiſir les occaſions de fonder l'autorité. A les faire naître avec affectation, il n'y a que de la dureté ſans ſuccès. La vraie autorité eſt celle dont on dérobe l'origine. L'autorité ne doit être connue que comme ancienne, ceux qui y ſont accoutumés la reſpectent ; mais le jour qui voit naître une nouvelle prétention, voit naître un nouveau découragement.

Je leur dirois : où les états ſont confondus, les talens & l'éducation joints à la richeſſe font l'Etat diſtingué. Tenez ſur tout pour maxime aſſurée, que tout homme d'eſprit & de vertu eſt amateur des Loix, & du gouvernement national ; mais n'en tirez pas cette conſéquence ſeulement propre aux gouvernemens uſurpés, que les bons ſont plus ſuſpects que les méchans, les anciens que les nouveaux ſujets : vous ne ſçauriez au contraire uſer de trop de tempéramens & de diſtinctions, pour tromper ſur la condition générale d'une Colonie cette Claſſe ſéparée, & gouverner le reſte par ſon illuſion.

Je leur dirois : le ſeul moyen d'augmenter l'aſſerviſſement & la liberté, eſt de mettre la Juſtice en vigueur. Où la Juſtice regne, tout eſt égal entre les ſujets ; mais là où eſt la rigueur, là eſt la faveur.

Sans la Juſtice, & où il y a une populace opulente, diſtinguez deux Peuples, deux Loix & deux meſures.

Mais ſans des Loix fixes, n'attendez pas de Juſtice. Inutilement êtes-vous juſtes ; ç'en eſt aſſez pour être juges, non pour être Légiſlateurs. Seriez-vous même Légiſlateurs, vous ne l'êtes que pour vous : voyez vos Prédéceſſeurs, craignez vos Succeſſeurs.

Avec les Loix mêmes, & hors les Tribunaux ordinaires, il n'y a également pas de Juſtice. Où l'on peut proceder par des voies juridiques, pourquoi proceder par le pouvoir abſolu ? Inutilement avez-vous accéleré la Juſtice pour un particulier ; vous lui faites

moins de bien, que l'appareil d'un pouvoir exercé par une volonté arbitraire
qui ébranle la Colonie dans ſes fondemens, ne fait de tort au Public.

X DISCOURS,

Du commerce extérieur de la Nation avec la Colonie, & de sa balance.

LE Commerce extérieur avec la Nation est l'objet important des Colonies ; il établit leur existence même. Les cultures précieuses ne fournissent pas l'aliment d'un commerce intérieur, surtout dans les petites peuplades. Partout le commerce est l'usage, l'emploi même des terres. Ici, il a un caractere particulier ; c'est qu'il est l'imposition des Colonies (1). La plus value qu'y acquierent les den-

(1) L'on ne doit point entendre ici par imposition, le *subside* que les particuliers payent dans chaque lieu de la domination pour subvenir aux charges publiques ; le dessein ici est de la faire considérer comme une somme surabondante qu'un corps de sujets transplantés paye à l'Etat pour le droit de protection.

C'est en un mot le subside d'une Province prise collectivement, dont il n'y a pas de répartition entre les sujets.

C'est encore, si l'on veut, un subside que paye le service, l'action même de l'industrie;

L iv

rées d'Europe dans leur circulation ;
est un tribut réel qu'elles payent à l'E-
tat & au Prince.

J'entre dans une nouvelle carriere.
Le chemin s'applanit sous moi ; l'exécution de mon projet me devient plus
agréable. Je n'ai plus à blâmer les effets du hafard, mais à louer les effets
de la nature.

Le Commerce est un de ses bienfaits
dans les Colonies : il lui doit presque
tout ce qu'il est ; sa profpérité, & le
reméde de ses pertes. L'induftrie y est

la matiere, le phyfique même du travail que
fait le fujet.

Il ne faut pas également entendre la plus
value que le commerce des Colonies donne
aux denrées d'Europe, de la plus value dans
les Colonies. Il faut confidérer les Colonies
comme un des termes d'une circulation qui
n'est pas achevée ; c'est lorfque les denrées
des Colonies repréfentatives de celles d'Europe qu'on y a confommées, ont paffé à l'E-
tranger, que s'acquiert la plus value.

Dans ce fens, le fubfide dont on a parlé est
un fubfide payé par le commerce extérieur,
comme il est de principe que le fubfide commun fe paye par le commerce intérieur.

Cette fimplicité du point de vûe fait fentir
la valeur inapréciable de l'exiftence & du commerce des Colonies.

petite ; elle fe réduit à vendre & à acheter ; elle ne fe porte pas à entreprendre, ce qui eft cependant de fon effence particuliere. Il faut confulter la nature de ce Commerce, pour en découvrir l'art, qui n'eft autre chofe que l'application fortuite & inquiéte des Arts d'Europe ; de ces Arts communs, mais profonds, auxquels le Miniftere préfide, que la fortune entiere de l'Etat employe, & qui donnent l'ame & la vie à cette branche de la Puiffance.

L'avidité agit dans les ports ; les hafards des achats & des ventes fe développent dans les Colonies & chez l'Etranger : de-là les pertes & les gains particuliers. Les Commerçans craignent de perdre, fouhaitent de gagner ; rifquent, dans cette alternative du jeu de leur cupidité, & font partager leurs rifques ; arment, s'intriguent ; perdent ou gagnent ; & croyent avoir calculé, avoir eu des vûes, avoir ouvert des routes & créé le commerce, tandis que le génie du Gouvernement dirige dans le filence leurs actions intéreffées ; & que l'Etat feul, dans la variété des gains & des pertes, fait un gain affuré.

L v

Au défaut d'un *efprit général* dans le commerce, plus d'*efprit particulier* dans chaque Commerçant, plus de bon cœur même, multiplieroit les gains particuliers. La générofité peut être un fonds qui porte intérêt dans les Colonies. A *Surinam* c'eft l'efprit général (2) qui a établi dans les terres. Dans les Colonies, l'efprit particulier peut, fur des plans équivalens, perfectionner les établiffemens d'un canton ; ou, dans un canton, celui de plufieurs cultivateurs. Les fonds d'une maifon de commerce, répandus fur

(2) La Compagnie de Surinam a donné aux premiers cultivateurs les terres munies d'un certain nombre d'efclaves, toutes foffoyées & coupées en canaux, pour la facilité de l'exploitation. Les engagemens originaires & fucceffifs fe font payés par le produit des cultures. Les terres, jufqu'à la libération du fonds dû à la Compagnie, lui ont été affectées ; on ne pouvoit vendre (& on ne vend encore) qu'avec fon agrément ; les acquéreurs fe fubrogeoient en tout, ou en partie, fuivant le point de liquidation, aux obligations. Ce feroit un Code curieux, que celui des Statuts de cette Compagnie. Elle eft la feule qui ait pris l'efprit de la culture, en abandonnant, ou modifiant celui du pur commerce ; qui ait cultivé, & qui fe foit enrichie.

vingt infolvables , n'enrichiffent ni l'Etat ni les débiteurs : ils peuvent, avec bénéfice pour l'Etat, en enrichir le quart , & tous fucceffivement. Mais ces confidérations font hors de mon fujet. Mon objet n'eft pas de donner des projets à quelques Commerçans hardis, ni de préfenter des rifques ou des fujets de crainte aux Commerçans timides. Je n'écris, ni pour le Colon qui abufe quelquefois (3) du Commerçant, ni pour le Commerçant qui abufe toujours du Colon. J'écris pour l'Etat , qui doit les connoître l'un & l'autre , & les concilier : ce qui ne peut être l'effet que d'un tableau fimple des faits ; & de l'établiffement de principes ,

(3) Les dépenfes exceffives des Colons en Europe font en pure charge au commerce des Ports , qui fe réduit alors en *Banque*. Modérées , elles en feroient l'ame ; elles fondent la commiffion , le fret, & la correfpondance. La Colonie eft liée au commerce : les Colons le deviennent aux Commerçans. Les uns pénetrent l'efprit des autres ; quelques-uns, & ordinairement les Commerçans, en profitent. Au refte à peine dix particuliers dans chaque Colonie font l'objet des récriminations du commerce.

d'une action indépendante de la volonté des particuliers.

Le commerce de la Colonie avec la Métropole a un double caractere ; celui du commerce *intérieur*, & celui de l'*extérieur*. Sous le premier aspect, sa balance est l'égalité des échanges : sous le second, c'est la dépendance de la Colonie dans ses échanges. Par la réunion des deux caracteres, deux causes d'action se combinent : il faut que les effets soient combinés. Cette combinaison d'effets, ou de propriétés, ne peut être qu'une dépendance (4) dont le joug se secoue quelquefois, dont

(4) Si l'on interrogeoit les Commerçans sur la nature de cette dépendance, ils répondroient d'abord que c'est une dépendance dont ils doivent profiter. Cette dépendance est celle où doit être, autant qu'on le peut, l'Etranger dans le commerce extérieur. Je ne propose pas de laisser ceux qui font cette réponse, & la font par état, maîtres du sort des Colonies ; je ne propose pas de les consulter ; je ne propose pas même de former un projet de liquidation des Colonies, où l'on ait besoin de leur concours, & dont ils ayent l'exécution. Je chercherois un projet, s'il étoit dans la nature, où ils concourussent sans le sçavoir ; où ils trouvassent leur intérêt, mais toujours borné & égal.

l'objet soit d'enrichir la Partie dépendante. Par la nature de cette dépendance, la Colonie sera dans le commerce, le commerce sera dans l'Etat.
D'anciens Colons s'enrichiront, de
nouveaux emprunteront; le commerce,
chargé du versement du revenu des
forts, que la consommation lui met
entre les mains, sur les foibles, profitera seul du revenu de la Colonie. Des
Commerçans particuliers fonderont la
fortune de leur maison, d'autres feront
moins heureux; l'Etat prospérera,
profitera seul du revenu du commerce.
Tel est le tableau des Colonies & des
Ports. En donnant le récit nud des faits,
de ce qui se passe journellement, on
donne le systême des principes consti-
tutifs de ce commerce; de ceux qu'il

à celui des autres conditions de citoyens; dont
ils ne puffent se dégager par avidité; & si je
l'avois trouvé, je le regarderois comme le seul
projet durable. Quel qu'il soit, comme la dépendance dont il s'agit n'est rien autre chose
que la dépendance politique qui prend une
nouvelle forme par la nécessité des lieux, l'e-
xécution en doit toujours être dans les mains
de l'Etat. Voyez ce qui est dit au Discours XI.
sur le Crédit.

faudroit établir, si la nature même des choses ne les avoit établis.

Si la simplicité de ces principes (5), qui réduit ce que l'on doit souhaiter à ce qui se passe en effet, prévenoit contre leur réalité ; si l'on vouloit même déterminer une idée fixe à ce terme de dépendance & rechercher le mécanisme qui la décide & l'entretient dans

(5) La simplicité des principes dégoûte les esprits faux qui ne sont jamais simples, & sur qui ce qui se passe glissent toujours. En matiere d'Arts, de Science, de Gouvernement, c'est une maladie assez générale de méconnoître ce que l'on possede. L'Anglois se met en fureur, s'arme contre notre industrie, nous donne pour modeles ; & nous, étonnés de l'appareil d'une Puissance *fictive* contre laquelle notre Puissance *réelle* fait toujours un effort secret, nous les admirons. Il est surtout un Gouvernement où la facilité des mœurs est une liberté réelle ; où tout est jouissance pour le citoyen ; où tout se met en partage, gloire des talens, des arts, de la puissance ; où les Loix civiles font un modele ; où regne la plus belle police ; où font les Princes les plus humains : le peuple y dédaigne ses biens, & les cherche chez ses voisins ; d'puis vingt années avec le nom de *Patriotisme* est entré le dégoût de la Patrie, & assez communément l'amour frivole des Loix étrangeres est ce qui y caractérise le *Citoyen*

les Colonies, il faudroit faire deux choses : l'une seroit d'y remonter à la naissance des faits actuels ; de voir comment le commerce s'y est établi, & a de jour en jour accru ses établissemens & ses obligations ; par quels instrumens il s'y est successivement transmis à ceux qui l'exercent aujourd'hui ; à quelles conditions, & comment les diverses circonstances les ont préparées & décidées : l'autre, d'y redescendre à des tems encore éloignés, d'y arranger arbitrairement les faits, & de chercher à appercevoir, à sentir, ce qui en résulteroit de bien & de mal ; ou du moins, de changement réel.

En remontant dans le berceau des Colonies, le bien s'est fait par un mal nécessaire. Des Compagnies exclusives, successivement (6) supplantées par les événemens, ont fourni les premiers

____

(6) Les deux Compagnies qui ont établi S. D. ont été successivement détruites par le vice intérieur de l'*exclusif*. La Compagnie de *Surinam* est la seule qui ait agi par esprit de Gouvernement, & elle a perfectionné ses établissemens. Les autres ont agi par esprit de négoce ; elles ont voulu mettre peu en avant & retirer beaucoup, & promptement ; elles

fonds pour les cultures. Les Colonies ont commencé par un emprunt qui devoit, entre les mains de prêteurs qui avoient une espéce de souveraineté, s'éternifer, s'aggraver, & s'anéantir enfin pour eux, par l'excès du gain. De-là l'expérience éclairant le Gouvernement, & lui montrant les Commerçans & les Cultivateurs également appauvris avec la richesse de la terre, & au milieu des productions réelles, les instrumens ont changé ; & n'asservissant plus, font devenus libres. Le commerce affranchi, de feconds emprunts fe font lentement fubstitués aux premiers, qui ont été rembourfés. Les premiers Cultivateurs libérés, l'emprunt a continué fous le nom de leurs fuccesseurs ; il fe perpétue aujourd'hui

n'ont pas été utilés à leur propre intérêt. Si la Compagnie de Saint Louis qui a cédé fes droits en 1720 à la Compagnie des Indes, eût fourni aux cultivateurs de fa conceffion les efclaves que l'interlope leur fourniffoit, elle eut fait les gains de l'interlope. Si elle leur eût fourni en peu d'années ceux que le commerce des Ports y a jettés vers 1740, les progrès de la culture faits depuis ce tems euffent eu lieu avant 1720.

sous le nom des centiémes Cultivateurs.
S'il se fixoit, la liquidation seroit (7)
prompte ; mais la culture se fixeroit
aussi (8), prendroit ses bornes , &

(7) Cette liquidation ne seroit pas cepen-dant si prompte que l'imaginoit un des Chefs de S. D. Il disoit, *la Colonie doit huit millions, & en fait quarante de revenu. Il faut qu'elle ne consomme que pour trente-six millions ; elle payera ses dettes en deux ans.* Quelqu'un voulut lui faire remarquer que les huit millions n'étoient pas dûs par ceux qui avoient les trente-six millions , mais par ceux qui en avoient douze ou quinze. Il ne répondit pas à l'objection ; mais il continua d'espérer la liquidation en deux années.

Cette liquidation ne peut jamais s'opérer par la force, & subitement. La force qui se hâte, ne peut hâter les revenus : elle ne peut qu'en-tâmer les fonds du débiteur , & diminuant réel-lement par-là les revenus généraux de la Co-lonie, elle diminue en effet par les payemens forcés d'une année les payemens de la sui-vante ; elle éteint enfin les derniers payemens. Voyez pour l'entier éclaircissement de ceci , ce qui est dit à la note (2 1) & sur l'objet mê-me de la liquidation , le Disc. XI. *du credit.*

(8) Si la culture se fixoit, elle diminue-roit visiblement ; car s'il n'y a pas d'épuise-ment proprement dit à craindre pour les terres des Colonies, il y en a cependant un relatif, fondé sur la diminution des productions excef-sives que donne la première culture des terres vierges. Voyez le Disc. 14. *De la culture.*

elle n'en doit point recevoir du commerce. Les conditions d'un emprunt font le payement même (& il ne peut avoir lieu dans un emprunt perpétuel) ou des intérêts , ou des gains qui repréfentent les intérêts. Si ces gains abforbent les fonds ; s'ils les rendent inutiles aux emprunteurs ; s'ils font paffer leurs cultures au commerce , qui par état ne peut évidemment cultiver (9) , ces gains font les gains des Commerçans , ceffent d'être les gains du commerce.

Voilà pour le paffé. Retournons l'éxamen, pénétrons dans l'avenir, & difpofons-y les événemens à une liquidation entiere des Colonies : Qu'arrivera-t'il ? Si les flux des Cultivateurs libérés en Europe augmentent , le

(9) Il faut confidérer l'action politique du commerce comme l'action réelle & phyfique d'une puiffance mécaniqne fur une autre. Si tous les Commerçans empiétoient toutes les cultures, il n'y auroit plus de cultivateurs ni de commerçans ; le commerce fuppofe deux termes relatifs , & er quelque maniere une action & une réaction ; d'où fuit l'ébranlement général , la circulation , qui le conftitue. Voyez la note (14).

vuide qu'ils laisseront détruira dans les Colonies la concurrence des denrées Nationales; tandis que la concurrence des denrées de la Colonie s'accroîtra: c'est une surcharge pour le commerce, dans la spéculation; dans l'événement, ce sera souvent une perte réelle Si ces transmigrations n'augmentent pas, la consommation diminuera seulement pour le commerce dans la proportion de la nécessité des consommations (10), plus grande pour les nouveaux Cultivateurs que pour les anciens, pour les

(10) La nécessité des consommations peut être considérée sous deux points de vûe qui se réunissent au même effet. La nécessité générale d'acheter des esclaves, des ustenciles de culture & tous les gros objets de commerce, est évidemment plus grande pour les nouvelles cultures prises en elles mêmes, & dans la seule considération de leurs besoins journaliers. Mais indépendamment de cette nécessité, il y en a une particuliere qui se trouve dans l'esprit même des cultivateurs plus ou moins avides, plus ou moins intelligens, de s'adresser, au refus de plusieurs maisons de commerce, à une seule maison qui leur fait payer cher un faux crédit. Je ne connois point de maison de commerce qui se contente de dix pour cent par année dans l'augmentation du prix du crédit. Cette nécessité équivaut la pre-

médiocres que pour les riches ; car il ne s'agit pas de pures consommations de luxe, mais des vraies & solides consommations résultantes des nouveaux établissemens, qui auroient cessé avec l'emprunt. Alors les gains fondés sur l'emprunt, dont ils représentent l'intérêt, cessant, le commerce se feroit des Commerçans aux Cultivateurs à besoins égaux, à demande & concurrence égale ; la balance de ce commerce seroit l'égalité. Le commerce changeroit conséquemment de nature ; ce seroit un commerce purement *intérieur* qui ne lieroit pas assez la Colonie à la Métropole, & la dépendance *politique* perdroit la partie de la force qu'elle tenoit de la dépendance du *change.*

Ces cas prévus se répéteroient, naîtroient les uns des autres, s'enchaîneroient. Tantôt les Cultivateurs libérés viendroient en Europe ; & ils y viendroient, dans notre supposition de l'égalité des échanges, lorsque des

miere dans ses produits, si elle ne la surpasse. Les deux réunies font la moitié des consommations, & cesseroient dans la supposition.

circonstances favorables de débouché
en Europe leur auroit donné sur le
commerce le gain du change (11)
résultant de la concurrence de l'achat
des denrées de la Colonie sur les lieux.
Tantôt épuisés par leur luxe, ces Cultivateurs reviendroient se préparer sur
leurs terres à un nouveau départ ; &
leur économie forcée diminuant leurs

(11) Ce gain du change est réel : à établir
l'égalité d'échanges comme le point de comparaison commun entre deux peuples qui commercent, celui dont la denrée est la plus re-
cherchée accidentellement, fait ce gain. Il
seroit à la vérité d'abord tempéré, dans la supposition d'une transmigration de cultivateurs
en Europe, par les suites de cette transmigration même. Les cultivateurs qui vivent en
Europe, y font venir leurs denrées ; ils prendroient donc part d'un côté aux pertes des retours, tandis que d'un autre côté la concurrence d'achat des denrées de la Colonie y di-
minueroit par ce fort enlevement. Il y auroit
des équilibres momentanés, souvent rompus,
souvent rétablis. La prudence ne pourroit rien
déterminer ; & cet Etat même auquel rien
ne remédie est, d'épreuve faite, un Etat très-
dangereux pour le commerce. Voyez la note
(23) sur cet objet même *du gain du change*,
& *sur les transmigrations*, le *Discours 12. de
la population*.

befoins journaliers, leur redonneroit, dans une moindre confommation des denrées d'Europe, ce même gain du change qui annonce & prépare leur retraite : ce qui feroit une fituation encore plus critique pour le commerce ; car il arriveroit vifiblement que des pertes répétées & certaines naîtroit très-promptement la difcontinuation du commerce dans les Ports à la proportion néceffaire pour rétablir l'égalité, c'eft-à-dire d'une partie du commerce, tel qu'il eft aujourd'hui, & dans cette généralité (12) qui embraffe & admet au partage des gains

(12) Tout agit & réagit dans chacune des parties de l'Etat ; mais la chofe eft furtout remarquable en matiere de commerce. La généralité eft le dernier terme de la politique appliquée au commerce. Plus un commerce en approche, plus il occupe de *fortes* de fujets (abftraction même faite de fa richeffe), plus il eft parfait : & la chofe eft évidente ; le premier but d'une Société quelconque a été le commerce même, ou la communication des chofes.

J'oppofe ici à cette généralité le calcul que l'Auteur de l'*Effai fur les intérêts du Commerce Maritime* fait des gains du commerce. L'abus de donner les intérêts de quelques commerçans particuliers pour les intérêts du com-

les propriétaires des terres d'Europe, les Ouvriers, les manufacturiers, tou-

merce est trop commun, & trop dangereux, pour ne pas saisir l'occasion de le combattre dans ceux qui enseignent *ex professo* cette doctrine.

Cet Auteur établit (je ne sçais sur quels Mémoires) le revenu net des Colonies à 120 millions. Sur quoi déduisant pour la valeur des chargemens de France cy . . . 60000000 l.
Pour les commissions d'Améri-
    que . . . . . . 10000000 l.
Pour les assurances . . . . . 10000000 l.
Pour le dépérissement des vais-
    seaux . . . . 10000000 l.
Enfin pour l'armement, &c. . . . 15000000 l.

Total . . . . . . 105000000 l.

Il nous apprend qu'il revient annuellement quinze millions de bénéfice au *commerce*; ce qui fait vingt-cinq pour cent.

J'attaque d'abord toutes ces suppositions, & je lui dis sur les commissions, 1°. qu'elles se payent en Amérique, & qu'il les établit cependant à parité d'especes; ce qui est contre la lettre du calcul. 2°. Que la plus forte partie des ventes se fait par les Capitaines mêmes des navires du commerce, ou par des associés en commandite, qui ne prennent point de commissions; qu'en évaluant cette partie très-foiblement à la moitié, les dix millions de commission à cinq pour cent supposeroient

tes les conditions & toutes les Provinces de l'Etat.

Dans ce déplacement du commerce,
une vente de quatre cens millions ; ce qui eſt
abſurde : à dix pour cent (commiſſion qui n'eſt
ni générale , ni même commune) il y auroit
véritablement plus de rapport.

Je lui dis ſur le dépériſſement des vaiſſeaux , que la valeur moyenne de 500 bâtimens grands ou petits employés directement au
commerce des Colonies (quantité exagérée)
eſt de 15 millions , à 30000 liv. chaque bâtiment ; d'où il ſuivroit que leur dépériſſement
annuel eſt des deux tiers de leur valeur ; ou (ce
qui eſt égal) en mettant le prix du radoub ſur
le pied de la valeur du reſtant , prix conſidérable pour les radoubs , que chaque vaiſſeau ne
dure que deux ans : ors il dure 12 à 15 années.

Sur le fait de l'armement & du déſarmement,
je lui dis que la quantité moyenne des bâtimens de commerce deſtinés aux Colonies
évaluée à cinq cens de toutes grandeurs , il
établit les frais à vingt mille livres ; ce
qui iroit au-delà du gain moyen du fret , &
rendroit chimérique ce commerce , le plus
avantageux de tous.

Mais en admettant toutes ces ſuppoſitions , je demande à l'Auteur de l'État ,
qui gagne les commiſſions ? ce ſont des commerçans : les aſſurances ? des commerçans :
l'armement , &c. ? des commerçans en partie.
Il n'a donc pas eu en vûe le commerce , ni
même tous les commerçans ; mais ceux dont
il tenoit ſes mémoires.

ſeroit

seroit-on même sûr de la justesse & de la précision des opérations de réduc-

On peut avoir dans un pareil calcul plusieurs objets de comparaison.

Vis-à-vis de l'Etranger, déduisez du produit de nos Colonies les achats de bois, goudron, &c. pour les vaisseaux ; ceux des matieres premieres de laine, soye, &c. pour la partie de marchandises manufacturées que les Colonies consomment ; ceux des denrées de leurs Colonies, comme tabac, &c. que nous sommes obligés de prendre en échange ; vous aurez, après de pareilles déductions à faire sur les produits de leurs Colonies, le résultat de la puissance *réelle* que les nôtres nous procurent.

Du commerce général du Royaume dans lequel sont compris Fabriquans, Matelots, &c., aux Colonies, déduisez ce que les propriétaires des terres ont fourni, aux prix courans de l'intérieur, de denrées de premiere nécessité, ou de matieres premieres, & le dépérissement *réel* des vaisseaux ; vous aurez le produit dont les Colonies ont augmenté le produit général du Royaume.

Des commerçans des ports à ces mêmes Colonies, vous ôterez les prix d'achat des marchandises, l'armement & le dépérissement des bâtimens ; & vous aurez la partie du produit général qui fait le gain des ports.

Ensuite généralisant ou particularisant ces objets à votre choix, vous direz ; tel est le gain du commerce intérieur : tel est celui du

tion ? Quelle est l'arithmétique politique, qui ne puisse être déconcertée par les fantaisies subites de gens riches, éclairés sur leurs intérêts, & maîtres par leur fortune de faire changer pour chaque instant de la durée du commerce les événemens de la vente des denrées Nationales dans la Colonie ! Manque-t'il d'exemples en ce genre, du moins comme on peut les avoir, en petit ? Ne sont-ce pas en effet aujourd'hui les riches qui consomment le moins ; qui, dans leurs consommations mêmes, font le plus dans l'usage de tirer d'Europe directement, & de réduire le commerce à une commission seche (13)? Dans notre supposition, ce ne seroit

fret : tel, celui de la navigation : tel celui des commissionnaires : tel est le commerce, l'emploi des hommes ; & peut-être trouverez-vous ainsi quelle doit être dans tous les cas la faveur inégale de ce commerce ; quelle en doit être, respectivement à tous ces égards, la balance.

(13) Le commerce considéré dans les commerçans en cargaison, est une véritable commission ; mais c'est une commission de trente à trente-cinq pour cent, qui se réalise dans la solde des retours. Le commerce considéré dans les commissionnaires d'envois, est une com-

plus un ou deux Cultivateurs, ce seroit la Colonie en masse qui refuseroit
d'acheter autrement qu'à vil prix, &
qui s'adresseroit sans intervalle aux manufactures mêmes. Ce seroient donc les
Cultivateurs qui feroient le commerce.
Bientôt ils seroient les seuls qui pus-
sent le faire, parce qu'ils seroient les
seuls qui sçussent les termes de leurs
besoins ; & il seroit aussi dangereux,
dans ce cas, de les voir affecter le commerce par l'excès de l'abondance, qu'il
l'est dans la forme présente de voir le
commerce envahir la culture par l'excès des gains.

La nature du commerce des Colonies fondée sur leur éloignement du
centre de l'Etat, ne lui permet donc
pas d'être *intérieur ;* & la spéculation la
plus fausse dont on puisse flatter le
Gouvernement est de voir un jour les
Colonies arriver à ce point : car elles
ne doivent point y arriver, & elles ne
le peuvent par la seule action de la politique.

mission de dix pour cent environ. L'on pourroit donc considérer une pareille reduction
comme la perte des trois quarts pour les commerçans particuliers des ports.

La nature de ce commerce ne lui permet pas davantage d'être *extérieur*. S'il le devenoit, ce feroit l'affaire de peu de momens. Les gains du commerce fe multiplieroient, il envahiroit les terres. On ne feroit alors que changer de Cultivateurs. Les Créanciers, enfaifinés des biens, deviendroient d'abord débiteurs d'un nouveau commerce (14). Il y auroit des emprunts particuliers, d'où réfulteroit l'emprunt général : ce feroit le commerce actuel, ou ce n'en feroit aucun.

Le Commerce des Colonies, purement intérieur, fe détruiroit lui-même. Purement extérieur, il fe réfoudroit

____

(14) Dans le nombre des commerçans qui fe rendent cultivateurs, les chefs de maifon trouvent le fecret, en furchargeant leurs terres d'efclaves & de frais d'exploitation, de diminuer de ces mêmes fommes les profits de leur commerce. Les commerçans fimplement aifés, ou les commiffionnaires, commencent par enterrer leurs gains, & s'endettent enfuite. Les plus heureux fe libérent plus lentement que d'autres, parce que la culture n'eft pas leur genre d'induftrie ; le plus grand nombre, de facrificateurs devenus victimes, augmentent la lifte de ceux que la vengeance du commerce pourfuit.

aux principes actuels. Dans les plaintes ordinaires des Commerçans peu
éclairés, on veut le rendre féparément,
& dans le même tems, intérieur & extérieur. Ces plaintes exigent une Juftice rigoureufe, & aveugle (16): voilà
les propriétés du Commerce extérieur
qui traitant avec l'Etranger, ne confidere ni les facultés, ni les poffibi-
lités, & le contraint au payement,
prêt à s'établir fur fes débris. Cette
Juftice, fi elle étoit praticable (16), ame-
neroit la liquidation des dettes : voilà
les propriétés du Commerce intérieur,
dont on a peint le danger pour les Colonies.

Le Commerce des Colonies, par
fa nature, par la nature mixte du Gouvernement, pour la fureté & la profpérité commune de la Métropole & des
Colonies, pour la fureté même du
Commerce (indépendamment de fes

______

(15) Voyez la note (21).

(16) Pour juger fi la juftice rigoureufe eft
pratiquable dans les Colonies, il faut l'examiner dans le fein de la Nation, & chercher
à démêler les principes fur lefquels elle a
fon fondement. Voyez le Difc. XI. *du crédit.*

avantages) eſt donc eſſentiellement
un emprumt ; & ſa balance eſt la dette
de la Colonie (17).

C'eſt ſur ce fondement , c'eſt ſur
cette dette perpétuée , que portent les
eſpérancès de ceux qui cultivent déja ,
& de ceux qui veulent cultiver. Les eſpérances dans une Colonie font une
partie de la fortune publique : la ſureté
des engagemens mutuels en fait une
autre. Sacrifier un de cés objets à l'autre , comme la protection exceſſive
donnée (18) aux dettes de Commerce
y tend viſiblement , eſt une politique

(17) La dette dûe au commerce doit être
perpétuée, ſelon les principes ; la dette dûe au
commerçant doit être payée , ſelon les régles
de l'équité. On ne peut favoriſer le commerçant particulier ſans nuire au commerce , ni
favoriſer le commerce ſans ruiner le commerçant ; c'eſt-à-dire favoriſer le commerce ſans
lui préjudicier : paradoxe toujours ſubſiſtant
ſans un remede qui ſoit dans la nature des
choſes mêmes. Voyez le Diſc. XI.

(18) Le rétabliſſement de la contrainte par
corps abrogée par l'Ordonnance de 1667 contre de ſimples particuliers, des Officiers, des
Magiſtrats, en un mot tous ceux qui ſont forcés en vivant dans les Colonies de contracter
avec le commerce, eſt une Loi beaucoup plus
dure qu'elle ne le paroît. Cependant la nécéſ-

dangereuse. C'est rendre au Commerce ses fonds, & lui ôter ses revenus.

Depuis quarante ans que la Colonie ruine les Ports de France ; depuis quarante ans que la guerre & les mau-

sité de l'expédition des vaisseaux sur les lieux a pu l'autoriser. Mais étendre cette contrainte sur les dettes de crédit dont l'objet est favorable ; dont l'obligation a supposé un défaut de moyens qui peut se proroger accidentellement ; & lorsque les vaisseaux partis, rien ne constitue en frais le commerce dont le dédommagement, dans ce cas, doit être sûr & subit ; c'est avoir, ce semble, sans nécessité, & par une pure analogie des termes matériels d'une obligation établi la justice consulaire sur des classes de sujets qui ne doivent pas la connoître. Payoit-on plus mal avant l'établissement de cette seconde contrainte ? Paye-t'on mieux aujourd'hui ? La chose est égale, le payement est relatif aux moyens, & l'injure demeure.

Un des inconvéniens de cette Loi est qu'elle ne peut se rétracter. Avant son établissement le silence de la Loi étoit une tolérance des débiteurs : sa rétractation seroit une invitation à la dette. Cette Loi peut être bonne, comme comminatoire ; elle n'agit même dans le fait que de cette maniere, par la menace. Il n'y a pas la vingtiéme partie des débiteurs sur qui le commerce veuille l'exercer. Cela fait sentir sa valeur réelle.

vaifes années ont abforbé les profits
faits par le Commerce dans le petit
nombre des bonnes années , & que
tout retentit de fes plaintes , deux Ports
fe font établis ; fes Citoyens fe font
enrichis ; & les fortunes maritimes fe
font égalées aux fortunes *financieres*,
(ce qui n'avoit point encore eu d'exemple général.)

Les pertes momentanés du Commerce en Europe (19) lui font croire

(19) Les pertes des retours des cargaifons
confidérées par le prix d'achat dans les Colonies , ne font qu'apparentes lorfque les prix
des ventes fur les lieux s'y font proportionnées. Lorfqu'ils ne fe font pas proportionnés
aux prix d'achats , les pertes font réelles : mais
comme cette inégalité ne vient point du commerce par une ignorance de fes intérêts préfens , ou un défaut de fon activité ordinaire
qui eft toujours égale , elle doit venir d'une
diminution de confommation dans la Colonie ;
cette diminution d'une diminution de concurrence ; cette plus foible concurrence , avec le
même nombre d'hommes , d'une gêne fecrete,
de l'exercice de la contrainte , ou de tout autre vice accidentel. Lorfque les exécutions
furtout fe raniment , la confommation tombe
fubitement , & les commerçans qui le recon-
noiffent font obligés eux-mêmes de conjurer
les tempêtes qu'ils ont foulevées.

Quant aux grandes entreprifes , où des part

qu'elles viennent des Colonies, où les fonds ne sont qu'arrierés. Ces fonds lui sont dûs en effet ; mais s'ils ne lui étoient pas dûs, où existeroient-ils ? Car il faut tenir pour regle certaine que la France, l'Etranger, en un mot tous les débouchés prochains & faciles sont fournis, lorsqu'on fournit les Colonies.

La dette de la Colonie est précisément, & sans milieu, la mesure des gains du Commerce (20). D'abord

ticuliers, associés des commerçans, entrent sans esprit, sans connoissances de commerce, les gains des ventes & les pertes proportionnées des retours sont également en évidence. A supposer aux gains un terme moyen de trente-cinq pour cent, quinze pour cent de commission environ qu'ils accordent à celui qui représente dans l'armement, & l'intérêt de leurs fonds pendant deux années que dure l'entreprise, en font le balancement, d'où suit pour solde *avantageuse* la remise de leurs fonds. Pour y faire un gain réel & proportionné à leur attente, il le falloit de cinquante pour cent. Or il n'y a pas d'objet suivi de commerce qui les puisse donner. En général dans les entreprises, on ne doit entreprendre que les choses que l'on connoît, & qu'on peut en quelque sorte *exécuter*.

(20) Le commerce dans son principe est

M v

les denrées cherchent refpeĉtivement à
fe mettre de niveau. Celle qui force

un fimple troc de denrées en nature. En Europe
les équivalens , & les fignes des équivalens ,
l'argent & les papiers repréfentatifs de l'argent
déguifent le principe : dans les Colonies le
commerce fe ramene à cette fimplicité originaire , faute de monnoye fixe , de maffe
d'argent fuffifante & permanente. Dans ce
point de vûe , le commerce offre la premiere
année à une Colonie pour la totalité des denrées de cette Colonie les neuf dixiémes des
fiennes , & lui laiffe le dernier dixiéme dont
il fçait faire naître à la Colonie le défir au défaut du befoin , à valoir fur les denrées de la
feconde année. Le commerce , la feconde année , fait une offre pareille à la Colonie : fi
celle-ci l'accepte , le commerce gagnera encore une dixiéme : mais fi la Colonie , voyant
que le commerce , en conféquence de l'a-
dreffe qu'il a eue dans la vente précédente de
s'avantager d'un dixiéme , prend le ton d'un
bienfaiteur impérieux , veut fe délivrer de
cette dépendance , non-feulement elle refu-
fera au commerce de prendre fon dixiéme (ce
qui lui laiffe en furcharge ce dixiéme), mais
elle diminuera encore fa confommation journaliere des denrées du commerce d'un autre
dixiéme de quantité , pour lui remettre le dixiéme prêté , (ce qui fait monter la furcharge
à un cinquiéme.)
Dans ces fuppofitions , on a confidéré le
commerce comme traitant avec une Colonie

la balance établit du même mouvement la dette d'une part , & le gain de

prife collectivement. En ramenant les chofes au pied ordinaire , fuppofons dans cette Colonie la diftribution de la vente qui s'y fait. Lorfque la premiere année le prêt du dixiéme des denrées du commerce s'eft fait , ç'a été à ceux qui avoient les cinq dixiémes des denrées. Lorfque la feconde année la Colonie a voulu s'acquitter par une diminution de confommation , les propriétaires de cinq dixiémes débiteurs du dixiéme prêté n'ont pu s'acquitter que du vingtiéme. Ce fera donc pendant deux années de fuite que le commerce perdra un cinquiéme de vente de fes denrées d'apport. Mais comme la troifiéme année le commerce apportera un cinquiéme de denrées de moins pour n'en être pas furchargé , fa perte augmentera , parce que l'objet de la diminution des confommations qui repréfente le cinquiéme relatif de perte fur la premiere année eft plus fenfible fur un moindre apport que fur un plus grand ; c'eft-à-dire que la Colonie voyant que la diminution des confommations aux huit dixiémes de quantité de la premiere année ne fuffit pas dans la troifiéme année pour la libérer du prêt , les diminuera encore jufqu'à fept dixiémes.

Ces fuppofitions repréfentent l'état-réel du commerce. Plus il fera payé fubitement de fa dette , plus il perdra. Plus on lui devra de tems, plus il gagnera , parce qu'il accumulera toujours prêt fur prêt. Il eft vrai que comme il

l'autre. Si pour retrouver ce niveau, la Colonie diminuoit subitement sa consommation de toute la proportion nécessaire à cette vûe, il n'y auroit point de dette ; mais le gain cessant, il y au-

faut des soldes, ou des *presque* soldes d'espace en espace, sans quoi les suppositions seroient chimériques, & les prêts en idée ; il est indispensable que dans de certaines années la Colonie consomme, en consommant beaucoup, une moindre partie de ses revenus, & que le commerce lui doive. Ce sont donc les soldes dûes par le commerce, non par diminution de consommation dans les Colonies, mais au milieu d'une consommation ordinaire, qui feront le payement de la Colonie au commerce : & cela arrivera toutes les fois que les débouchés à l'Etranger s'ouvriront & s'augmenteront subitement. Alors le commerce pour le surplus des consommations courantes de la Colonie est réellement dans les achats simple commissionnaire de la Colonie sa débitrice ; c'est l'Etranger qui paye la dette. La Colonie ne la pourroit même jamais payer d'elle-même par des quantités surabondantes de ses denrées ; car si l'Etranger ne les prend pas, ce n'est qu'un faux payement, ruineux au créancier : si elles proviennent de l'augmentation des cultures, ces nouvelles cultures entraînent de nouvelles consommations des denrées du commerce qui y sont proportionnées,

roit furcharge pour le Commerce des denrées invendues. Les fonds dûs dans l'état actuel, euffent donc tourné, fans la dette, à pure perte pour les Ports. Le luxe fait le tiers de l'objet du Commerce. Les manufactures euffent donc fupporté une grande partie de cette perte : de-là une révolution dans le commerce intérieur de l'Etat : de-là une furcharge d'ouvriers inoccupés pour la police de l'Etat ; car tout fe tient.

Etre perfuadé de la néceffité de faire ceffer les plaintes fur la dette du Commerce, c'eft être perfuadé de la néceffité du principe contradictoire de l'égalité des échanges. On affecte de chercher par-tout cette égalité, qui ne peut-être en aucun lieu des Colonies. On veut la déterminer par des fecouffes violentes, & une juftice en quelque maniere *extrajudiciaire* (21). Revenons fur nos pas ; & pour décider le

____

(21) La juftice réelle, comme on le dira ailleurs, eft uniforme. Elle s'accorde à tous les créanciers, & fur tous les débiteurs. En en remettant l'exécution, comme arbitraire, à ceux qui gouvernent les Colonies, on l'accorde à tous, & on la refufe à tous. Alors l'exécution

rapport dans lequel la justice distributive doit forcer le payement des dettes,
(car son essence est toujours de l'ordonner, & son esprit de le faciliter ,

est souvent une injustice pour le débiteur qu'on
force à rompre d'autres engagemens très-
graves pour en payer un léger ; qu'on contraint de sacrifier par des ventes à vil prix, &
sans formalités , une partie de ses revenus
faits ou à faire, & quelquefois une partie de
ses fonds. Elle est toujours une injustice pour
les créanciers mêmes. Ce ne sera ni le plus
ancien en hypoteque, ni le plus privilegié qui
sera payé, mais le plus recommandé , le plus
apparent, le plus violent & souvent le plus
usuraire. Vingt débiteurs succomberont sous
le crédit secret ; cent débiteurs échapperont par
la faveur déclarée.

C'est donc dans l'exécution arbitraire des
contraintes, qui est abandonnée plûtôt que con-
fiée aux chefs, que se trouve la fausse justice
contre laquelle on réclame.

M. de L * * * ne faisoit presque jamais exécuter de contraintes. Le commerçant particulier se plaignoit, & le commerce prospéroit :
son administration a été le regne de l'abondance. Je sçais qu'on peut attribuer une partie
de cette félicité à des circonstances favorables du dehors ; mais il demeure toujours certain que le silence du gouvernement, en fait
de contraintes, ne s'oppose point au cours des
causes favorables. Il le feroit, s'il étoit un vice,

comme par-tout ailleurs) traçons encore quelques-uns des effets de l'égalité ; ceux qu'on peut prévoir, & qui, dans la forme actuelle du Commerce, font dans le cours naturel des événemens.

Si par l'effet d'une fage police que nous ne verrons point, parce que c'eft par fa nature plutôt une police domeftique, qu'une police publique ; qu'elle a fes vrais principes dans les mœurs, & non dans les Loix ; nous pouvions dans une Colonie voir vivre, multiplier (22), & s'affectionner les noirs qui s'y trouveront fous peu d'années tranfportés ; fi nous pouvions les regarder comme un peuple (& alors ils peupleroient), il s'en formeroit fucceffivement un nombre fuffifant à la culture. Dans cette fituation, & dans le fyftême d'une liquidation générale & d'une confommation égale des denrées des Colonies en Europe, l'apport des

____

(22) Je regarde dans la perfpective l'humanité comme un fonds confidérable pour l'avenir à S. D. Les noirs d'Afrique s'épuiferont enfin ; il eft intéreffant de fonger par une fage économie à peupler les ateliers par eux-mêmes. Voyez le Difc. 14. *De la culture, &c.*

noirs d'Afrique qui fait le grand objet
du Commerce diminuant, sa balance
seroit certainement en faveur de la
Colonie ; c'est-à-dire, qu'elle gagne-
roit le change (23).

Si par d'autres événemens plus pro-

(23) Je suppose que la Colonie vende plus
au commerce qu'elle n'en achete ; le commerce lui payera une solde en argent. Si cela
arrive plusieurs années de suite, il s'établira,
comme on le dira ailleurs, parité d'especes
entre la Colonie & l'Europe. Alors il sera
souvent indifférent de recevoir ou en Europe,
ou sur les lieux, le payement des denrées de
la Colonie. Cela établira un change, d'abord
égal ; mais cette égalité du change portant sur
la remise au pair des fonds de retour du commerce, il est clair qu'il ne seroit plus indifférent d'être payé en Europe si les denrées trans-
portées y donnoient un bénéfice. Dans ce cas,
les Colons créanciers d'une partie de la solde
dûe par le commerce feroient eux-mêmes
passer leurs denrées, ou exigeroient un avantage dans le change, balancé entre le gain présent de la remise & les événemens possibles
dans le tems de la durée du transport. Par
exemple si le cent d'une denrée de la Colonie y vaut vingt livres (prix d'Europe, puisque dans la supposition il n'y a qu'un prix),
& qu'elle vaille vingt-quatre livres transportée
en Europe, le Colon exigera, à défaut de payement sur les lieux, une lettre de change de

chains, & moins favorables, le Commerce de Guinée cessoit pour un tems considérable dans le cours d'une paix chancelante, & toujours dans les suppositions établies, il est certain que la balance demeureroit fixée en faveur de la Colonie d'une maniere bien décidée.

Alors, ce qui paroît un paradoxe, le Commerce payeroit une solde en argent (24), & quoique les revenus de

vingt-deux livres, prix moyen entre vingt & vingt-quatre ; & le change de la Colonie aux ports seroit un change avantageux d'un onziéme, ou de dix pour cent ; avec cent livres dans les Colonies on toucheroit cent dix livres en Europe.

(24) Les soldes en argent ont été communes dans les bonnes années. Sans cela, depuis cent ans que la Colonie est débitrice, où seroit sa liquidation ? Presque toute la masse d'argent des Colonies en a été emportée, & y a été reportée plusieurs fois. Lorsque les pertes des retours sont fortes, on passe en Europe l'argent en nature. Lorsque les prix des denrées de la Colonie en Europe sont tels que les consommations courantes de la Colonie ne les pourront payer dans la spéculation, on prend de l'argent d'Espagne à Bayonne & on le porte dans les Colonies ; & souvent la spéculation seule décide l'événement.

la Colonie fuſſent peut-être moindres en numéraire (25), ils feroient plus conſidérables relativement ; & il pourtoit même arriver, ſi le débouché ſe forçoit en Europe, qu'on viendroit chercher les denrées des Colonies & les payer ſur le lieu, faute de fonds, par une ſomme plus forte en Europe (26).

La Marine, dans ce moment critique, s'affaiſſeroit. Par la fluctuation & l'action inteſtine des choſes politiques, elle ſe remettroit en équilibre & reſpireroit. Elle s'exerceroit à moindres frais ; ce ſeroit l'équivalent momentané des pertes du Commerce général (27).

Ce qui trompe dans les calculs qu'on peut faire contre cette ſpéculation, c'eſt qu'on ſe rappelle les années malheureuſes des Colonies, & qu'on les fait

(25) Cela arriveroit dans le cas de la parité d'eſpéces.

(26) Voyez la note 23.

(27) Cet équivalent ne ſeroit rien pour le commerce particulier des *hommes*, qui ſe fait par les armemens. Il eſt vrai que la perte de cette branche, quoique plus longue, auroit ſon terme ; elle ſe remettroit en équilibre par l'ouverture d'autres branches du *négoce* en Europe.

dépendre de la diminution du Commerce d'Europe dans ces Colonies. La diminution du Commerce d'Europe est elle-même une conséquence ; elle ne peut jamais être un principe , parce qu'elle ne peut jamais être méditée. Ces mauvaises années venoient du défaut d'un débouché suffisant qui manquoit alors en Europe , qui ne manque plus , & qui s'augmente. L'on peut dire qu'il n'y avoit nul crédit , mais il n'y avoit nul discrédit.

Ce qui trompe encore, c'est la longue possession du gain du change en faveur du Commerce National, qu'on regarde comme nécessaire , quelque mauvais parti que le Commerce prenne. C'est une erreur palpable. Ce gain n'est par lui-même naturel à aucun Commerce ; il dépend des lieux , ou de la situation accidentelle du Commerce dans les lieux. On porte de l'argent pour les achats dans l'Inde , qui le reçoit avec avantage ; & le Commerce de l'Inde est avantageux pour nous.

Veut-on plus d'analogie dans les exemples ? Qu'on jette les yeux sur *Surinam* , sur toutes les Colonies Etrangeres , sur nos Colonies du

Miffipipi & du Canada. Les Traites s'y font avec parité d'efpéces. Qui a un fac de mille livres dans ces Colonies, l'a en Europe.

Il n'eft pas fingulier qu'on trouve ce point de reffemblance entre des Colonies pauvres, & des Colonies riches ; il ne faut que chercher le principe. Les Colonies du Miffipipi & du Canada ne font pas riches : mais par cette raifon même, elle ne font pas débitrices. Ce n'eft pas parce que d'autres Colonies riches deviendront plus opulentes qu'elles ne le font, que la parité d'efpéces s'établiroit ; c'eft parce qu'elles cefferont de devoir. La parité d'efpéces établie dans l'origine eft la marque de la médiocrité : la parité d'efpéces furvenue, eft, où elle furvient, la marque de l'égalité, & enfuite de la fupériorité de Traite (28).

Qui doute que cette parité ne puiffe s'établir dans les Colonies méridionales ? Si cela arrivoit, ce feroit la preuve que la balance du Commerce eft en leur faveur ; car fi le contraire a lieu

(28) Voyez comme cela s'opere, à la note 3 déja citée.

aujourd'hui , c'eſt parce que cette balance eſt en faveur des Ports , qui , étant inceſſamment Créanciers de Colonies , enleveroient toute la maſſe d'argent qui s'y trouve dans les chertés de denrées , ſi le haut prix numéraire n'ôtoit abſolument toute proportion avec la valeur de cet argent en Europe (29).

Ces obſervations ſont de pure théorie. L'égalité d'échanges dans une grande opulence publique , dont on flatte en vain la Martinique , dont on a quelquefois conçu la frivole eſpérance pour S. D. dans des tems prochains, & par la ſeule action du Gouvernement, ce malheur politique très-réel n'eſt prochain dans aucune Colonie. Toutes les Colonies méridionales conſommeront , & devront long-tems ; les unes par l'extenſion de leurs familles , les au-

(30) On n'a pas tiré même de ce faux reméde dans les Colonies le parti qu'on en devoit tirer. On a hauſſé la piaſtre de poids , & elle ſe tranſporte encore. C'eſt une partie du remede : on lui donnoit la force dont il étoit ſuſceptible en appliquant la hauſſe à la piaſtre même numéraire qui ſe compte avec les réaux. Voyez le Diſcours XI. *Du Crédit.*

tres par l'extenfion de leurs cultures.
Si elles s'y refufoient, le Commerce a
mille moyens ignorés qui machinale-
ment les forceroient à devoir, & à
confommer. La raifon en eft que de
pareilles révolutions , apperçûes d'a-
bord par la théorie, s'operent lentement & fucceffivement ; & que , dans
la pratique, dès que le Commerce fent
les inconvéniens d'un fyftême, il prend
promptement le contrepied. Lorfque
quelque denrée lui devient à charge ,
il fait effort vers quelqué côté foible,
& s'ouvre un nouveau débouché. Cela
s'eft vû, & fe verra toujours (30).
L'égalité d'échanges ne peut venir

(30) Cette efpéce d'arrangement machi-
nal, & de reffort, fe trouve dans la politique , comme dans le Commerce. C'eft ce qui
fait que les vices d'un Gouvernement ne font
pas fi ruineux qu'on l'imagine. Rien ne tend
plus à la perpétuité , qu'un Gouvernement
qui fubfifte avec fes vices. Un Italien (c'étoit
Léon.....) comparoit les chofes politiques à des
pois jettés dans un fac, qui s'arrangent & occupent la moindre place poffible en remuant
le fac. Il donnoît au corps moral du Gouvernement un mouvement fupérieur à celui des
corps phyfiques, un mouvement en tous fens.
Il pouvoit encore lui donner plus.

que de la nature, ainsi que son remede. Ce malheur arrivera à S. D. (& il aura sa compensation, comme tous les inconvéniens politiques qui s'établissent lentement) lorsque toutes les cultures possibles seront formées ; lorsqu'il n'y aura plus d'espérance, de voies, de s'étendre sur les limites ; lorsque les cultures formées & perfectionnées, celles de la Martinique seront épuisées. Il sera suspendu, lorsque les débouchés du Nord de l'Europe, par des circonstances accidentelles de guerre, de disette, d'oppression, ne répondront pas à la masse des produits de la Colonie. Il cessera ensuite, lorsque les cultures iront en décroissant, & que l'augmentation du prix qui en est conséquente, aura par la suite de plusieurs événemens perdu son rapport avec la diminution de quantité des denrées, & se sera mise au-dessous.

Ces réflexions ne doivent point paroître purement curieuses : car si l'extension du Commerce & ses progrés physiques sont des chosesde fait, & ont leurs principes dans la cupidité & l'activité des habiles Négocians, une théorie réflechie peut seule, en développant fa nature, fervir à perpétner fes progrès, & à fixer fa conftitution réelle où les efforts des Agens du Commerce pourroient tendre à l'en écarter. Chaque Négociant doit agir pour lui ; l'Etat, pour tous. Dans un tel objet, il ne va point chercher fes lumieres dans le *Négoce* ; il les attend de l'efprit général du *Commerce*, qui, étant un mobile politique, s'affocie avec tous les autres, & eft un art du Gouvernement.

Je ne confidere point le Commerce, comme il enrichit les particuliers ; comme il eft même l'agent de la circulation ; comme il anime l'intérieur : mais comme il augmente & conferve les peuplades ; comme il s'accorde avec la juftice, l'humanité, & les autres engagemens politiques ; comme il peut, & doit fe perpétuer. Tout ce qui a été dit (& on a pû le remarquer) n'a pas eu un rapport *direct* à l'augmentation du Commerce National dans les Colonies ; ce fera l'objet des confidérations fur la culture (31). Il a un fimple rapport à la juftice diftributive, & à l'influence de l'autorité repréfentative employée

(31) Voyez le Difc. XIV.

par

par furcharge dans cette partie de l'adminiftration civile.

La juftice n'a qu'une forme, un
moyen, & un efprit. Elle ordonne,
exécute fes jugemens, & dans cette
exécution elle eft uniforme. C'eft le
tableau de la Juftice diftributive en Europe; & ce doit être le modéle de la
juftice des Colonies. On ne m'auroit
pas entendu, fi l'on avoit conçu que
j'euffe établi un commerce fur des
engagemens qu'on ne pût, ou qu'on
ne dût pas, exécuter littéralement. Je
chercherai à établir les moyens de liquidation d'une Colonie conformes &
relatives à la conftitution du Commerce (32), qui ne fe peuvent trouver
dans la forme actuelle fans addition ou
fans correctif. Jufques-là, j'ofe m'a-
dreffer à la politique; je l'intéreffe à
écarter le poids dont elle furcharge la
balance des Tribunaux. J'ai l'efpérance
de lui en faire voir l'inutilité ou le danger; & j'empêche que la juftice n'ufe du
glaive dans les affaires civiles.

Une erreur finguliere en Europe, qui
trompe le Miniftere & les Particuliers,

_____

(32) Voyez le Difc. XI.

N

eft qu'on refufe Juftice dans les Colonies. Nulle part ailleurs la Juftice n'eft
fi promte, n'eft fi fimple. L'exécution
peut n'y pas fuivre de fi près les Jugemens ; mais il eft facile de voir que les
rifques de l'attente, qui font les feuls
que l'on court dans les Colonies, font
compenfés par les excès des gains,
parce que ce font ces gains mêmes qui
occafionnent phyfiquement l'attente.

Une autre erreur que l'efprit de *Négoce* entretient dans les ports, & feme
de là dans l'intérieur (33), eft de faire
confidérer la dette de la Colonie comme due par les cultures feules. Ce feroit un événement très-heureux ; car
elles en tendroient plus à leur perfection, de toute la valeur de l'augmentation de la dette. Ce font en effet les

(33) Cette erreur s'accrédite fur un fondement apparent. On voit, & fur-tout dans
la capitale, les diffipations d'un petit nombre
d'entre les habitans des Colonies, & les retards
de payement que leur diffipation entraîne.
C'eft juger des mœurs d'un peuple par fes
Voyageurs. Peut-être même, à le bien examiner, n'y a-t-il en aucun lieu de diffipa-
teurs qui payent plus cherement, plus fûre-
ment, & pluôt.

Commiſſionnaires des lieux, c’eſt-à-dire, les agens du Commerce, qui en doivent la plus grande partie dont ils ont été payés par les cultivateurs (34). Cette ſeconde dette eſt une dette marchande : les débiteurs ont leur fortune dans un mobilier apparent ; nature de bien indifférente pour la poſſeſſion, & dont le déplacement, la fluctuation, n’intéreſſe ni le Commerce, ni la Colonie. Les vues de la Juſtice Conſulaire remplies exactement par les Tribunaux des Colonies pourvoiroient à cet égard à l’ordre, à la ſureté des dépôts, aux dédommagemens dûs à la confiance trahie (35).

(34) Les Commiſſionnaires infidéles ſont même, dans le principe, les ſeuls débiteurs de mauvaiſe foi qu’il y ait dans une Colonie, parce que l’induſtrie *particuliere* leur étoit interdite par leurs obligations de ſociétés, ou le dépôt réel que ſuppoſe la procuration. Rien n’interdit au contraire, tout preſcrit l’induſtrie & l’eſpérance aux Cultivateurs.

(35) En général les Cultivateurs ne ſont qu’imprudens (& ils le ſont au profit de l’Etat qui jouit de leur illuſion). Ainſi ils ne conteſtent rien aux créanciers ; ils propoſent, ou ſe laiſſent propoſer, des accommodemens avantageux qui ſont de nouveaux gains pour le

L'embarras refte pour la partie de la dette publique que n'ont point encore payée les cultivateurs , & qui eft moins dûe par eux que par leurs cultures ; & je cherche là-deffus les principes.

Une réflexion me frappe. Il y a 20 ans que le Commerce fe plaignoit de la dette publique : qu'eft-il arrivé ? Je ne trouve aucun de fes débiteurs d'alors, qui ne fe foit liberé. Ses plaintes font donc ceffées ? Non , me répondra-t-on ; parce que de nouvelles dettes font dûes par de nouveaux cultivateurs. Je vois que le Commerce s'eft trompé de nouveau : mais il y a un reméde certain qui eft dans la main du tems. Le tems amene

commerce ; ils tranchent généreufement dans les affaires, & fe liberent enfin. Pour les commiffionnaires infideles, ils ont tout le poids de leur fauffe geftion fur les épaules ; foit pour fe donner le tems de chercher les fonds , foit pour reculer l'aveu de leur mauvaife conduite, ils donnent de faux comptes , & plaident fur les véritables. En général on peut dire que les cultivateurs font jugés très-fommairement par l'Amirauté, les marchands très-lentement par des arbitres ; & que la Juftice confulaire n'a point lieu pour ceux feuls qu'elle regarde.

chaque jour la liquidation ; lorfqu'elle fera achevée , je confeille au Commerce de ne plus faire de prêt dans un lieu où il a été deux fois trompé. Non , me repliquera-t-on : vous propofez un reméde lent ; il y a des Loix , il y a des formes , le Commerce demande une Juftice prompte. Je conviendrai que ce moyen doit être tenté , s'il eft poffible ; & je propoferai là-deffus de procéder par les Décrets, & de vendre les Efclaves & les Terres. On m'arrête encore; & l'on me dit , qu'il ne fe trouve point d'acheteurs qui puiffent folder réellement; que les acheteurs à crédit ne payeront pas avec moins d'embarras que les anciens Propriétaires ; ou que fi tous les Commerçans créanciers prénoient les terres en payemens , le Commerce fe diffoudroit. Que prétend-t-on donc faire ? Contraindre dans les termes : car dans les Gouvernemens les plus *exécuteurs* on a peu contraint en effet. Il n'eft pas dans la nature que la liberté *extérieure* de tous les fujets puiffe fe perdre à la fois , ni d'un moment à l'autre.

Dans ces embarras cependant , & dans l'irréfolution du miniftere fur la nature de la juſtice deſirée par le Commerce, le tems s’eſt écoulé ; & je vois la libération générale achevée. Je me trompe ; dans vingt ans d’ici il y aura une nouvelle dette. Quel eſt enfin le but du Commerce en renouvellant des engagemens dont il eſt ſurchargé? On me répond alors en ſon nom qu’il eſt ruiné à faire le prêt, & ruiné à ne le pas faire. Je conçois que le Commerce des Colonies eſt le plus mauvais Commerce de l’univers pour les ports, & qu’il eſt celui qui les attache le plus.

J’ai dit que je cherchois des principes : je vois qu’il en faut revenir à ceux que j’avois d’abord établis. On trouve *criant* que les dettes d’une Colonie ne ſoient pas payées à l’échéance ; mais ce ſentiment moral écarte toujours du point de la queſtion. Ce n’eſt pas le Turc qui profite des revenus des Colonies : ils paſſent tous à la Nation. Ainſi ſi elle ſe trouve créanciere, c’eſt un ſurcroît d’avantage pour ſon Commerce.

Diſtinguons deux choſes. Le Commerce, & les Commerçans. Le premier ne peut jamais ſe plaindre. Il tire de ſes armemens tout le profit qu’il en a attendu, qui eſt le revenu total des Colonies. Les ſeconds peuvent ſe trouver, les uns favoriſés, les autres maltraités.

D'un côté, quelque ſoit l'état des Traites, la Colonie eſt débitrice ; mais le Commerce eſt ſatisfait, & il n'y a rien à déſirer pour la politique, que la durée de ce tempérament.

De l'autre côté, même dans des Traites avantageuſes en général, il y a des pertes particulieres ; & certains Commerçans ſupportent trop du poids de la dette publique. A cet égard, ſi la politique particuliere du Commerce eſt déſintéreſſée, il reſte à ſatisfaire la politique générale qui cherche tous les avantages, mais qui regarde comme le premier de tous la Juſtice, & le ſecours des Loix qu'elle doit à tous les Sujets.

Ce n'eſt donc plus la dette publique dûe au Commerce que j'examine ; c'eſt la dette particuliere dûe au Commerçant, & j'en recherche la nature.

Les ventes des Commerçans nationaux à ceux de la Colonie ſuivent les loix des dettes entre Marchands. La rigueur y eſt ſans frein, & la politique dégagée de tout intérêt de la modérer, parce qu'il importe aſſez peu, dans l'état

actuel, que les Commerçans particuliers veuillent étendre leur commerce
sur le crédit; & que (comme on l'établira ailleurs) leurs gains préfens font
ordinairement inutiles à la Colonie, &
prefque toujours dangereux (36).

Les prêts faits aux Colons dans leurs
voyages d'Europe, ou pour l'éducation
de leurs enfans (fujets de plaintes ordinaires) paroiffent être des dettes
d'honneur, qui par une induction rai-
fonnable de ce qui fe pratique dans les
Tribunaux qui jugent de ces fortes de
dettes entre les Nobles, peuvent être
pourfuivies pour le payement pardevant l'autorité repréfentative de ce
Tribunal, qui ufera de tempéramens
convenables entre le débiteur & le
créancier. Ce concert fe conforme aux
principes de ces dettes, qui font nées
de l'amitié, & de vieilles liaifons qu'on
doit très-refpecter, même après qu'elles
ne peuvent plus fubfifter.

On fçait que le payement des ventes
courantes des carguaifons a été toujours favorifé : elles n'entrent point
dans la dette de la Colonie.

(36) Voyez ce qui en eft dit au Difc. XIII.
De l'établiffement des Villes, &c.

Ce font donc les ventes des noirs & des uftenciles des nouveaux établiffe- mens, qui forment cette dette fi favora- ble au Commerce, fur laquelle fes plain- tes font intariffables.

Dans le principe, ces ventes ont procuré aux maifons de France de gros gains, qui fuppofent l'attente & les rif- ques qui y font attachés (37); mais entrons dans le détail.

Les ventes des noirs fe font avec une infidélité autorifée : le mauvais fe vend comme le bon; l'efclave qui doit mou- rir le lendemain (38) comme celui qui doit vivre. Les maladies mortelles, le

(37) L'augmentation du prix du crédit fur celui du comptant n'eft jamais proportionnée dans les ventes du commerce à aucune efpece d'intérêt. Elle l'eft feulement à une certaine fpéculation. Un objet de 1200 livres au comp- tant eft vendu, au terme de fix mois, 15 à 1600 livres; au terme de fix, douze, & dix- huit mois, il fera vendu 2000 ou 2400 livres : à deux ans, peut-être 1000 écus.

(38) Les abus de ces ventes font confidé- rables. Il y a quelques années que l'on ôta le droit aux Juges de l'Amirauté de s'y tranfpor- ter. Les abus fubfiftoient alors : mais ils fe font accrus.

Un remede facile feroit celui d'un Agent que rien ne peut corrompre, féduire, ou ac-

scorbut, se déguisent. On apprête les noirs, on les frotte, on les mêle ; la confusion de la vente empêche le choix.

Les suites de ces ventes sont risquables pour l'acheteur. La mort, ou la désertion, peut anéantir l'objet de son marché : toutes choses connues du vendeur, qui, ayant donné terme, a sçu que la vie & le travail des esclaves

coutumer à regarder les choses les plus essentielles comme de pures formes. C'est l'air de terre, qui est la pierre de touche de la santé, & par conséquent de la valeur des Negres embarqués. A peine y ont-ils été deux jours, que leur extérieur dépose de ce qu'il faut espérer ou craindre de leur achat. Il est clair, que pour la facilité même des ventes, il conviendroit qu'elles se fissent à terre après quelques jours de débarquement des esclaves. Je sçais qu'entre plusieurs inconvéniens, on alléguera la diminution même des ventes fondée sur les pertes d'esclaves survenues à terre. Je réponds que le prix des esclaves sains en augmenteroit ; il est fondé sur la concurrence d'acheteurs, & la concurrrence sur la quantité de Negres de choix. Je réponds anssi que la perte des esclaves malsains ne doit pas regarder les cultivateurs. A se servir de la dialectique de ces ventes, il ne manque plus aux commerçans que l'industrie, pour vendre leurs morts.

étoient néceſſaires pour faciliter le payement de leur propre valeur.

Il ſurvient ſouvent des diſcrédits des
denrées de la Colonie, lors des payemens (39), qui les font baiſſer au-
deſſous du prix qui avoit ſervi à établir

(39) Le cent de ſucre vaut vingt-cinq livres
dans la Colonie lors de l'achat ; & le commerce s'en prévaut, dans ſa ſpéculation des retours, pour vendre le Negre 1500 livres, ou
ſix milliers peſant de ſucre. Lors des payemens, le cent de la denrée ne vaut plus que
vingt livres, & le Negre ſe paye en effet ſept
mille cinq cens peſant de la denrée. Que peut
faire le Cultivateur qui a acheté avec ſa ſpéculation particuliere , & qui tient prêts ſix
milliers péſant? C'eſt de devoir les quinze cens
peſant reſtant.

Ce cas eſt très-fréquent, quoiqu'il paroiſſe
contre la nature des choſes. En effet plus les
dettes dûes ſont fortes , plus il y a de concurrence entre les différens créanciers qui veulent être payés par préférence : plus il y a
de concurrence de créanciers qui repréſentent les acheteurs , plus la vente des denrées de la Colonie doit bénéficier. Cela ſe voit
quelquefois, & en général le principe eſt certain ; mas (indépendamment des diſcrédits
continués d'Europe qui forcent à baiſſer les
prix) il y a une ruſe particuliere qui met le
principe en défaut. Les commerçans ſe font
faire les billets de la dette en argent. Il n'y a

les prix de la vente. Il naît d'autres fois des difproportions entre les valeurs des différentes denrées des lieux (40), qui, dans le cas même du crédit de toutes

pas de maffe d'argent fixe dans la Colonie; l'argent d'Efpagne, marchandife très-réelle, eft d'abord enlevé par le commerce, au moindre foupçon des difcrédits d'Europe. Les termes des payemens venus, les commerçans refufent la denrée du débiteur, comme s'ils étoient dans le deffein, ou dans l'ufage, de charger leurs bâtimens de pierres. Il faut, par accommodement, que la denrée baiffe d'un quart du prix regnant lors des ventes. Voyez les Extraits *de l'Effai fur les intérêts*, &c. cités à la page 18 de l'Introduction.

(40) Je fuppofe l'indigo à 6 liv. la livre pefant; & le cent pefant de fucres à 25 liv. Ces prix feront proportionnés, & le Cultivateur d'une denrée n'aura pas d'avantage fur l'autre dans les ventes. Ils ne pourront raifonnablement concourir qu'au même prix. Si tout-à-coup la premiere de ces denrées monte à 9 liv. & fe perpétue dans ce prix, tandis que l'autre denrée chancele, & varie de 22 liv. à 18 liv. le cent, il eft évident que les propriétaires de la premiere peuvent par l'augmentation de leur denrée offrir un tiers en fus plus que ceux de la feconde, fans y perdre; mais comme ces derniers vont en fens contraire, & s'éloignent eux-mêmes de l'ancien point commun en baiffant de prix, il arrivera que les propriétaires de l'Indigo pourront offrir moi-

les denrées , mettent toujours les propriétaires de l'une au-deſſous des propriétaires de l'autre dans les ventes , &
ne permettent conſéquemment aux premiers d'acheter , s'ils oſent concourir,
qu'avec une perte réelle lors de l'achat
même.

Enfin , une terre inculte , inutile au
Commerce , devient par ces ventes &
l'induſtrie de l'acheteur d'un produit
conſidérable (41) , qui tombant dans
les Ports , comme à ſon rendez-vous ,

tié plus. Alors que peut faire le propriétaire
du ſucre ? Laiſſer perdre ſa culture , ou s'engager ſur des ſpéculations. Ce cas s'effectue
actuellement.

(41) Il eſt rare qu'une terre de cinquante
mille écus dans le principe , ſur laquelle on
place cinquante mille autres écus de mobilier , ou de bâtimens , dont les fonds s'éta-
bliſſent par des dettes au Commerce , ne devienne pas par cet emprunt même un fonds
de 600000 liv. Il eſt également rare que ce
dernier fonds ne rende pas quinze pour cent
au propriétaire , qui forment évidemment
trente pour cent de la miſe réelle de 300000 liv.
Mais comme le Commerce profite de tout le
revenu de trente pour cent , quoiqu'il n'ait ,
dans l'emprunt de cinquante mille écus, fourni
que la moitié des fonds , il eſt évident que
le prêt fait par le commerce , dans l'établiſ-

les enrichit, multiplie leurs Commerçans, augmente leurs armemens.

Ces considérations doivent, ce me semble, faire regarder le Commerce des choses nécessaires à l'établissement des terres & à l'augmentation de leur culture, comme un Commerce d'une nature différente de tout autre.

On a établi que le Commerce de la nation aux Colonies étoit essentiellement un prêt fait par le Commerce. Dans la forme du prêt, c'est une espece de société tacite de profits entre les grosses maisons de Commerce & les Colons, dans laquelle l'un met ses fonds pour les retrouver, *certainement, & avec de très-gros intérêts*; & l'autre son industrie & sa fidélité.

Dans ce point de vûe, paroît-il que la rigueur soit la Justice?

La rigueur détruit les espérances que j'ai dit être si utiles à une Colonie : espérances précieuses : le meilleur attrait pour y appeller les hommes & les y fixer ; le meilleur instrument de poli-

sement de chaque terre de cette espece, lui produit, ou à l'Etat, soixante pour cent.

tique pour y doubler, y tripler les manufactures, le meilleur gage de la fidélité des peuples.

Ailleurs, l'avidité fait valoir les
fonds; dans une Colonie elle les crée.
Par-tout ses progrès sont succeffifs; dans
une Colonie ils sont rapides. Comme
ailleurs, c'est un vice moral; une vertu
politique.

J'ai vû dans les Colonies (& je crois
qu'on le voit par-tout), que faute d'entendre les intéreffés, & de chercher les
vrais principes, on faisoit habituelle-
ment des opérations qui détruisoient
les précédentes: d'où réfulte une inertie
générale.

Bien des gens douteróient de cette
inertie; mais il est aisé de démontrer
que les Colonies font réellement, par
rapport à la *folidité* de leur fortune,
dans l'état où elles étoient il y a cinquante ans, qu'elles ont commencé à
fleurir un peu généralement. Il y a eu
augmentation de revenus, mais en mê-
me-tems augmentation de dettes. Même difette de reffources; même défaut
d'expédiens; même gêne, mêmes plaintes refpectives du Commerce & des
Colons; même politique du Gouver-

nement; (42) enfin même fystême. Rien n'a changé en bien ; tout a peut-être empiré à cet égard, par la longue habitude du mal.

A faire expliquer ceux qui tiennent les maifons de Commerce, ce n'eft que dans les termes qu'ils fe plaignent. Souvent c'eft un ton ridicule d'antipatie contre quelques débiteurs ; une émulation d'Etat encore plus bizare. Dans le fait, les plaintes bien appréciées fe réduifent au retardement des chargemens dans les Colonies, & aux pertes faites fur les retours en Europe. Ainfi que le débiteur foit fidele à *arrofer* les différentes maifons de Commerce fes créancieres, & qu'il s'attache à donner

(42) La politique du Gouvernement eft la même qu'elle étoit à l'établiffement de la Colonie par le commerce. Le commerce y envoyoit les vaiffeaux & y plaçoit les Gouverneurs, les Gouverneurs faifoient payer ; cela étoit du tems, & dans la nature de la chofe. Aujourd'hui la caufe a ceffé, & l'effet refte. Dans une police nouvelle à établir, ce doit être un très-mauvais préjugé que la filiation d'un droit, d'un ufage, avec les premiers âges de la Colonie. C'eft le feul cas où l'antiquité même & proprement dite d'un ufage faffe contre lui.

une excellente qualité à ſes denrées, il paroît que les plaintes ceſſeroient (43).

Mais pour perfectionner cette eſpece d'analyſe politique, & pour pouſſer les choſes juſqu'où elles peuvent aller, examinons s'il eſt un terme *toujours préſent*, auquel la dette publique puiſſe ſe réſoudre dans ſes principes, quand on voudra, pour ſe renouveller enſuite ſuivant les beſoins mutuels du commerce & des Colonies. Il eſt de la nature du commerce, que la dette publique ſe perpétue ; mais il n'eſt pas de ſa nature qu'elle ſe perpétue ſous le nom des mêmes débiteurs, & dûe aux mêmes créanciers. Les uns & les autres peuvent changer par l'effet du crédit public. Si ce crédit exiſte, il ſe ſubdiviſera naturellement dans la quantité néceſſaire de crédits particuliers : il y aura, non une liquidation générale en conſéquence des payemens particuliers, comme on l'a toujours cherché ; mais il y aura des payemens particuliers en conſéquence d'une liquidation générale.

(43) Les plaintes ont peu lieu dans les grandes maiſons de commerce qui peuvent s'étendre & choiſir leurs débiteurs.

Je vais rechercher la nature & les principes du crédit en Europe, l'appliquer aux Colonies ; & essayer de déterminer s'il est même un moyen singulier d'application qui leur soit propre.

XI DISCOURS.

Du Crédit.

LA dette publique doit être perpétuelle dans les Colonies , & je cherche à faire payer une dette perpétuelle. Il y a plus : cette dette s'accroît, il faut que le payement croisse : elle se forme à chaque instant ; le payement sera de tous les instans. Le payement doit enfin être perpétuel comme la dette , & suivre sa circulation & tous ses mouvemens.

Le payement particulier & définitif n'a point ce caractere, parce qu'il n'a qu'un objet , & qu'il cesse. Il n'a d'espérance & de réalité, que ce que lui en donne le revenu actuel de la Colonie, ou même une partie de ce revenu ; sans quoi l'égalité d'échanges s'établiroit (1). La liquidation des particuliers abandonnée à elle - même doit

______

(1) Il est inutile de redire qu'il n'y a qu'une partie du revenu des Colonies affectée au payement de sa dette ; le reste l'est à la con-

donc augmenter, & la dette s'accroître encore ; cette augmentation forcée de la dette devient, à la même proportion, une ceſſation du payement.
Je ne trouve que le crédit qui réponde
au double objet de l'extenſion, & de
la perpétuité de la dette ; parce qu'il
eſt de ſa nature un payement & un
emprunt.

Ce crédit ne peut être le crédit particulier, puiſque, tel qu'il eſt, il eſt
la dette même que le revenu ne peut
acquitter ſans la diminution des conſommations courantes. J'examinerai
ſi, en ſe modifiant, & prenant un ca-
raĉtere mixte par ſon extenſion, &
par ſa deſtination expreſſe (2), il ne
peut pas ſoulager un crédit plus éten-

ſommation. Si, par une ſuppoſition impoſſible,
tout l'étoit à la dette, la conſommation ceſ-
feroit & l'égalité des échanges prendroit naiſ-
fance. Ce qu'on peut dire de toute la conſommation, on peut le dire d'une partie. Ce
qui ſe paye ne ſe conſomme pas ; ce qui ſe
conſomme ne ſe paye pas.

(2) Le crédit particulier prendroit une extenſion, s'il affeĉtoit une deſtination ; c'eſt-à-
dire ſi les vûes de chaque commerçant ſe por-
toient à augmenter les gains du commerce
par des moyens connus, tels que l'établiſſe-

du que j'ai en vûe, & par-là l'augmenter ; & comment il le peut. En
général le crédit réel, celui qui répond certainement & fans détours à
une dette qui fe renouvelle, eft le
crédit public, toujours auffi étendu &
auffi prompt qu'on le veut.

La dette publique eft l'affemblage
de toutes les dettes ; mais le crédit public n'eft point l'affemblage de tous
les crédits particuliers, puifque ce crédit eft deftiné à les éteindre tous, fuivant les befoins ou les vûes de l'adminiftration publique. Ce crédit eft le
crédit de tous : De tous les Débiteurs
d'une Colonie, & de tous ceux qui n'y
doivent rien ; de tous, excepté des
Créanciers mêmes. C'eft celui de la
Colonie.

L'idée de ce crédit eft fimple, eft fon
expreffion même. Si elle fe déroboit
fous l'efpéce de variété que la fituation
des lieux donne à fes principes, elle

ment des maifons de commerce fur les lieux,
qui en procurent un plus avantageux & plus
fûr pour les commerçans & les cultivateurs.
Voyez ce qui en fera dit à la fin de ce Difcours même.

recevra son développement , & sa lumiere, de la recherche de la nature même du crédit.

Le crédit. pris généralement est la repréfentation des échanges, ou de leur folde. Dans le fyftême d'une égalité d'échanges de chofes en nature où il n'y a ni créanciers , ni débiteurs , il n'y a pas de crédit *fixe* ; puifque les échanges fe compenfant , n'ont pas befoin de repréfentation. Il y auroit un crédit momentané & court , qui ne donneroit lieu à aucune circulation, fondé fur l'obligation que contracteroient ceux qui auroient reçu une denrée , d'en remettre , ou le jour , ou le lendemain , une autre qu'on a jugée équivalente , & qui n'eft pas actuellement fur le lieu. Ce crédit a lieu de la nation à l'étranger dans la parité du change. Si cette parité fe perpétuoit, il pourroit y avoir une circulation étrangére à ce commerce , dans le fein de la nation même. Les papiers de l'étranger y pafferoient d'une main à l'autre comme un gage , un nantiffement , un payement même des dettes des Nationnaux qui ne font pas entr'eux un commerce égal & balancé ;

fans quoi il faudroit raifonner pour eux dans les mêmes principes : mais de la nation à l'étranger , les papiers feroient de fimples procurations pour fe donner mutuellement quittance ; il n'y auroit ni circulation , ni négociation ; il n'y auroit nul crédit exiftant.

Telle eft l'idée qu'on doit fe faire du crédit, dans l'égalité des échanges. Dans ce fyftême il n'exifte pas , parce que le crédit eft oppofé à la dette qu'il fuppofe. Lorfqu'il y a une folde dûe après la confommation des échanges, il fe forme une dette par la folde , & un crédit par la repréfentation de la dette. Alors d'une Nation à l'autre , l'une a l'avantage du change. Alors d'un particulier à un autre , l'un a un crédit à exercer fur l'autre.

Ce point de vûe établit clairement la reffemblance qui fe trouve de la dette d'une Nation à une autre , ou d'une Nation aux Nationnaux mêmes, avec la dette d'un particulier à un autre. Auffi n'y a-t-il par la nature dans les dettes publiques , que l'action , & la dénomination fimple du crédit particulier. Ce crédit particulier conferve fa nature contre l'Etranger , parce que

l'art n'eſt point intéreſſé à le favoriſer :
ſes expédiens, toutes les puiſſances de
l'art, s'employent, comme des puiſſances mécaniques, pour ſoulever le fardeau de l'Etat dans les dettes publiques
de la nation. Alors le crédit particulier
prend une forme qui, par le caractere
de ſa circulation, en fait le crédit public. Le crédit particulier étoit oppoſé
à la dette. Le crédit public eſt oppoſé
aux crédits particuliers qu'il a pour
objet d'éteindre.

J'ai fait conſidérer le crédit particulier comme une charge peſante pour
celui qui le ſouffre. Cette charge s'a-
doucit, s'anéantit, ſi elle a de longs eſ-
paces de ceſſation ; mais c'eſt dans ſa
perpétuité (qui eſt le cas prévû des Colonies) qu'il faut la ſaiſir (3). Alors la

____

(3) La dette de la Colonie eſt interrom-
pue par les liquidations qu'en fait l'Etranger
dans les débouchés extraordinaires & ſubits :
mais ſi ces débouchés s'éloignent ; ſi la durée
de la dette eſt telle, qu'une année entiere du
revenu total ſoit engagée (événement poſſible, & auquel il n'y a pas de débouchés prévus qui puiſſent remédier) la durée de la dette
en deviendroit la perpétuité réelle ; en auroit
tous les effets ruineux.

charge

charge fe définit par la ruine même.
Auffi l'Etranger cherche-t-il à s'en délivrer par des arts nouveaux, par une
extenfion de Commerce, par l'encouragement de l'induftrie, par les intrigues, par la guerre même lorfqu'elle
offre des avantages préfens que la poffeffion peut confolider. L'Etat le com-
bat & l'enchaîne dans fon fein par les
arts du Gouvernement, en appliquant la
finance, c'eft-à-dire l'art de multiplier
les repréfentations (je ne dis pas les
chofes) au Commerce. Cette application de principes d'un certain ordre à
d'autres, ces arts enfin qui conftituent
le crédit public, font plus fublimes; ils
changent les objets de nature; mais ils
ont, avec des procédés divers, le même
fondement: c'eft-à-dire, que le crédit
public eft fondé, comme le credit particulier, fur quelque chofe de commun
qui juftifie les repréfentations.

Ce qui juftifie les repréfentations
eft ce qui leur donne une *affiete*, & un
terme. Si les repréfentations ne pouvoient jamais être réalifées (4), fi elles

____

(4) C'eft ce qui arriva par l'effort que l'on
fit faire au Syftême fur fes fins. Ce feroit fa

ne devoient jamais finir, elles se multiplieroient chaque jour en se joignant à d'autres, & ainsi à l'infini. Alors elles ne représenteroient rien, & ne pourroient perdre qu'une valeur imaginaire; car elles n'en auroient jamais eu une réelle.

Les propriétés palpables & certaines, des fonds mêmes, (choses réelles qui représentent un prêt, ou une solde, autre chose réelle) donnent l'existence aux représentations dans le crédit particulier, comme dans le crédit public. Alors les signes représentent réellement, ils forment une valeur égale aux choses représentées. Alors il est indifférent au créancier d'un particulier d'avoir un signe tel que l'argent, ou un signe tel que le papier, ou la chose dont la cession a fait l'engagement. Il l'est de même au créancier de l'Etat; & l'un & l'autre est mis hors d'intérêt par les mêmes moyens. Mais il s'en faut bien que les fonds de l'Etat qui font l'équi-

tromper grossierement, que d'évaluer les sûretés réelles (du crédit public) sur le pied du capital général d'une Nation, comme on le fait à l'égard des particuliers. Elémens du ommerce Partie 2. page 193.

C

valent du prêt, ou de la folde d'échanges, puiffent être de même nature que
les fonds particuliers. La reffemblance
ceffe, la généralité décide des nuances
& des variétés dans le caractere commun. C'eft un objet intéreffant à ap-
profondir, parce que des portions
d'une nation peuvent être amenées par
les circonftances à une efpéce d'univer-
falité, & que les Colonies peuvent être
revêtues du caractere & des propriétés mêmes de l'Etat.

Dans le principe des communica-
tions des chofes, ou du Commerce, les
chofes étoient de fimples productions
de la terre, ou des revenus naturels ;
le Commerce étoit un fimple troc, dont
l'effet multiplié étoit de balancer les
revenus *en des tems égaux* Si dans
cette fimplicité d'opérations, l'on fuppofe que de deux troqueurs, l'un puiffe
donner le fuperflu de fes productions,
parce qu'il y en a eu, & que l'autre ne
le puiffe, parce que fa terre aura été
ftérile ; celui qui reçoit le fuperflu, le
reçoit à titre de prêt, & contracte
l'obligation de fournir une portion double de fes productions l'année fuivante.
Si ce terme arrivé, le malheur de celui

qui a reçu le prêt a continué ; & qu'il n'y ait pas de certitude que sa terre puisse fournir la troisiéme année une portion triple de productions superflues pour payer le premier prêt, un second qui est nécessaire, & la fourniture courante pour le balancement de l'année ; la ressource du prêteur qui ne veut pas donner, est de prendre une portion de la terre même du débiteur propre à lui donner un revenu perpétuel, léger, mais combiné suivant différentes circonstances au revenu plus considérable qu'il eut reçu en une seule fois. Alors le Commerce est encore un troc simple & égal, dont l'effet nécessaire est de balancer les revenus *en des tems différens* ; & dans de certains cas, de balancer les *revenus* de l'un avec une partie de la *propriété* de l'autre.

Les terres entrent donc, par la nature même, dans le Commerce, & en font les sûretés (5). Dans cette situation, la masse toujours subsistante du

___

(5) Jusques là les sûretés d'une dette sont *personnelles* ; dépendent de la connoissance du débiteur, & de la confiance qu'on prend en sa parole. Elles deviennent *réelles* par l'affectation des terres. Mais ces fonds étant eux-

Commerce dans une nation où les revenus sont supposés inégaux, & les
besoins égaux, est composée de tous
les revenus & d'une partie même des
terres qui les produit. Quant aux fonds
de l'Etat, ils ont une nature particuliere, qui est de n'être point distincts
de ses revenus. Les subsides poussés
jusqu'au plus haut point où ils n'inter-
rompent point le Commerce & la félicité des Sujets, forment ces revenus.
Les subsides poussés jusqu'au point qui
interrompt la circulation des fonds particuliers & du Commerce, sont les
fonds de l'Etat. Dans la difficulté de
reconnoître ce point autrement que
par l'événement même, la nature des
choses a déterminé un point fixe, équivalent, dans la politique. Les subsides
qui peuvent être *engagés*, ne peuvent
être *aliénés* ; parce qu'ils ne peuvent
être donnés deux fois. S'ils entrent
dans le Commerce, comme revenus,
ils n'y peuvent entrer comme fonds.
Ce seroit les y faire entrer comme

mêmes sujets à leurs risques particuliers, il
n'en entrera dans le commerce qu'une partie
considérable.

fonds, ce seroit les aliéner, que de forcer le subside au-delà de son ressort naturel; parce que la diminution de chaque portion de revenu des Sujets qui en proviendroit seroit une aliénation de la propriété qui la produit, aussi réelle que si elle se faisoit sous sa dénomination propre. La masse de toutes ces aliénations particulieres feroit l'alienation générale. C'est ainsi que les subsides extraordinaires, s'ils étoient forcés, feroient l'aliénation même de fonds de l'Etat qui ne peut avoir lieu, quelque soit sa constitution.

Ce n'est pas que les revenus ordinaires ne puissent être augmentés. L'Etat peut être comme un particulier sage, qui n'a pas toujours consommé tous ses revenus, qui en a employé une partie à augmenter ses fonds, & qui dans des cas nécessaires vient à les consommer tous. C'est ainsi que, sous le nom de *subsides extraordinaires*, peut paroître la partie de réserve des revenus de l'Etat. Si des circonstances imprévues, des causes majeures, le forcent même à anticiper la *totalité* de ses revenus, il ne peut que les affecter tous successivement au remboursement

des emprunts qui réalifent l'anticipa-
tion de ces fubfides que le peuple ne
paye qu'aux échéances : mais comme
cette totalité eft déja néceffaire aux
charges ordinaires , la dette de l'Etat
n'eft plus une dette particuliere qui fe
paye par les revenus , ou les fonds , qui
font dans le Commerce ; le crédit particulier ceffe pour le rembourfement ;
fes effets ne font plus propres à la repréfentation , puifqu'il n'y a nulle chofe repréfentée , nul terme poffible dé-
figné au rembourfement. Il faut qu'un
nouveau crédit , tout-à-fait ifolé de la
circulation de l'intérieur dans fon principe , indépendant de cette circulation ,
& dont cette circulation dépende dans
l'état actuel ; le crédit public enfin fe
forme & anéantiffe par fes liquidations
les crédits particuliers , pour pouvoir
les renouveller au befoin. Dans ce
crédit , il y aura de la part de l'Etat
une fimple repréfentation de l'affectation des fubfides , puifque , comme
revenus , ils font déja employés ; &
que , comme fonds , ils ne peuvent
l'être. Si les fubfides fervent à l'acquittement , il y aura remploi par des
fonds étrangers aux fubfides , & aux

propriétés de l'Etat : ou (ce qui eſt égal) le nouveau crédit rendra le reſſort aux ſubſides forcés , les ſubſides extraordinaires deviendront ordinaires. En d'autres termes, l'Etat trouvera moyen d'augmenter la valeur des *propriétés* de chaque particulier au point qu'il doit ſacrifier de ſes propriétés à l'acquittement de la dette. Les fonds réellement affectés par l'Etat ſeront des fonds d'eſpérance , & porteront ſur le Commerce extérieur. J'ai dit que la finance étoit l'art d'appliquer les *repréſentations* au Commerce ; le Commerce eſt l'art d'appliquer les *choſes* aux repréſentations. Ces deux mobiles d'une action égale concourreront dans le crédit. Si la finance y demeure , ce ſera pour le ſecourir. Les *choſes* ont un avantage réel, qui eſt d'avoir une exiſtence propre. Les *repréſentations* ont un autre avantage , dans leur exiſtence dépendante & relative , qui eſt d'être toujours préſentes. Si les *choſes* procurées par le Commerce ſont attendues , les *repréſentations* les mettront dans la circulation avant leur arrivée. Si trop attendues , elles découragent le Commerce ; & que les eſpérances chancellent ; fi la défiance qui prend leur place diminue la valeur réelle des *cho-ſes*, ou la diminue trop dans un point de la durée de la circulation pour l'augmenter trop dans un autre ; la finance accourt avec des ſignes ſupérieurs aux repréſentations du papier, l'argent à la main, rétablir l'eſpérance, c'eſt-à-dire la proportion entre les choſes & leur attente ; & ſeme ſecretement ſes fonds pour les recueillir. Dans le pointde vûe général enfin, les repréſentations repréſentent des choſes qui doivent naître : l'Etat devra aux Sujets, juſqu'à ce que l'Etranger (comme il arrive dans les Colonies) acquitte la dette.

Il faut chercher ſur ces principes, quelle eſt l'eſpéce de crédit propre à liquider, ou balancer, la dette des Colonies.

Appliquons lui d'abord ceux du crédit particulier, tel qu'il eſt, & tel qu'il peut être ; & dans ces deux ſyſtêmes, abandonnons-la à tous les effets réſultans de ce crédit. Dans l'état actuel du crédit, les terres ne ſont pas dans le commerce ; & elles n'y peuvent être. Il n'y a nulle monnoye fixe, nulle maſſe d'argent. Le commerce n'y peut

donc prêter que des denrées ; mais
elles font déja l'objet des confommations courantes , & de la dette. Elles
ne peuvent donc fournir à la liquidation des fonds qui lui foient propres ;
ni même oififs. Ainfi le commerce fe
fait fimplement de la Colonie à la Nation , d'une partie des revenus de la
Nation à tous les revenus de la Colonie (ce qui établit quelquefois l'é-
galité) ; ou de cette partie des revenus nationaux à tous les revenus actuels de la Colonie , & à une partie
des revenus à venir (ce qui fonde les
fûretés *réelles* de ce commerce fur l'efpérance).

Il en eft de même du crédit particulier , tel qu'il pourroit être L'extenfion qu'il pourroit prendre fe réduiroit , à partager mieux les pertes ,
& à diftribuer mieux les gains entre
les Commerçans. Plufieurs s'affocie-
roient dans ce Commerce ; il fe formeroit fur les lieux plus de maifons ,
où les débiteurs concentreroient leurs
affaires. Peu à peu les petits créanciers
fe payeroient par les grands ; les débiteurs, moins preffés, hâteroient moins
leurs récoltes, en épargneroient moins

les frais, feroient de plus belles denrées ; ils deviendroient tous égaux, sinon pour la quotité de la dette, du moins pour les conditions. Il semble que l'on cultiveroit avec plus de tranquillité, & qu'il s'établiroit une union en quelque maniere raisonnée entre le commerce & la culture. Voilà les premiers effets du crédit particulier perfectionné. Voici ses seconds effets : ses premiers effets feroient d'abord détruits. Il n'y auroit plus de petits créanciers dont on peut se délivrer ; il y en auroit un impérieux dont le joug ne pourroit être brisé. Les facilités pour les débiteurs feroient des gains pour les créanciers, & les gains feroient une nouvelle servitude. L'attente des années de la liquidation générale qui dépend des étrangers auteurs des débouchés, ne feroit mieux supportée, que parce qu'elle feroit plus reculée. Soit par le souvenir du prêt, soit par l'abus de la confiance, soit par l'usage qui rendroit les Commerçans maîtres de l'appréciation des denrées, le débiteur profiteroit moins de leur valeur courante ou extraordinaire. Les intérêts s'établiroient dans la dette,

O vj

avec la dette même : les commissions viendroient à la surcharge (6). Il ne faudroit pas s'attendre à voir l'argent paroître dans ce crédit. Qu'en seroit-il besoin ? Tout se négocieroit, tout se balanceroit sur les livres du Commerçant ; il n'y auroit jamais de solde à payer. Chaque cultivateur seroit, dans le principe, un homme ruiné par son Intendant ; ou un mineur dont la tutelle n'est point bornée. La domination intéressée seroit dans le Commerçant momentané, la servitude forcée dans le cultivateur, la gêne dans la circulation intérieure de la Colonie, & les pertes dans le commerce de la Nation qui verroit s'établir des Commissionnaires nourris de ses diminutions, destinés à envahir les terres, qui ne lui rapportent jamais les gains

(6) Je suppose les commissions d'achat à cinq pour cent ; celles de vente des denrées du débiteur à cinq autres ; & l'intérêt des avances à six pour cent. Il en résulte un intérêt de seize pour cent pour les commissionnaires dont on a l'exemple à la Martinique presque généralement, & moins généralement dans la dépendance du *Cap François* à S. D.

de la Commission. La perfection de ce
crédit particulier borné à lui-même, est
donc la perte ou la diminution des crédits particuliers mêmes (7).

Ce dernier crédit n'est propre qu'à

(7) La Martinique est sur le pied des commissions dont on vient de parler. La liquidation générale dont parle l'Auteur de *l'Essai
sur les intérêts du Commerce Maritime*, est un
présent de sa part. Comment avec l'extension
des familles , & la diminution des produits
par l'épuisement relatif des terres , la liquidation seroit-elle plus prompte ? Dans les lieux
où la fortune publique diminue , le luxe est
moindre , l'exploitation des terres est moindre , la dette *relative* est moindre : ainsi les
Martiniquois consomment moins , & achetent
moins cher du commerce. Quant aux ventes ,
ils y bénéficient moins que les cultivateurs de
S. D. Quelle est la vente qui puisse supporter
seize pour cent de déduction , sans une diminution (je ne dis pas *relative* par rapport
au prix) mais *réelle* par rapport à la valeur ?
Ce sont les commissionnaires qui ont en effet
acheté moins cher les denrées d'Europe , &
ont vendu plus cher celles de la Colonie : le
cultivateur perd , sans gain pour le commerce.
Si l'Auteur de l'Essai veut s'instruire des plaintes du commerce , il sçaura qu'il se regarde
lui-même comme enchaîné , & sous le joug
des commissionnaires, représentans du crédit
particulier *généralisé*. L'oppression des culti-

accroître la dette ; & n'en change pas la nature. Ainsi les terres n'y seroient pas plus dans le commerce, qu'elles ne le sont dans la situation du crédit actuel. Elles y seroient moins.

Quand je dis que les terres sont dans le commerce, j'entens parler d'un commerce volontaire de la part du débiteur ; utile au débiteur ; utile même au commerce dont il multiplie les valeurs ; qui ne peut se trouver que dans l'affectation libre & lucrative des fonds. Cette affectation exige des prêts en argent ; & ces prêts, l'argent même. Alors sur un emprunt dont l'espérance réalisée doit faire le remborsement, & jusqu'à ce qu'elle le fasse, les terres fournissent & les sûretés du prêteur, & des valeurs doubles & triples du revenu circulantes dans le commerce. Alors la denrée du débiteur est libre ; il peut hâter ses établissemens, & dégager les promesses de la culture sur laquelle il a compté. Alors les revenus

vateurs est devenue d'un autre côté si excessive, que, sans un *système*, la Martinique ne peut empêcher l'envahissement de ses terres, & se délivrer du bonheur dont l'Auteur de *l'Essai* fait la peinture.

se multiplient & amenent certainement
la liquidation. Je n'entens point parler
du commerce forcé où se trouvent les
terres, au défaut du payement de ce
qu'on a fourni pour les cultiver, qui
décideroit, s'il n'étoit réduit à la simple apparence, la ruine du commerce
même; qui ne forme point de nouvelles valeurs; qui diminue toutes les valeurs déja existantes. Un tel
commerce des terres n'a jamais été,
ni libre, ni juste dans son principe.
Examinons-le dans deux particuliers.
Leurs revenus, dans la communication qu'ils s'en feront, seront compensés : si l'un exige plus de l'autre
que les revenus actuels, ce ne peut
être qu'une partie d'un revenu prévû,
plus abondant, qu'il veut s'assurer; car
si le premier proposoit nuement au second, au lieu de prendre revenus pour
revenus, de lui donner chaque fois
qu'ils traiteroient tous ses revenus &
une partie de la terre qui les produit,
le second s'y refuseroit, & exigeroit
l'égalité. Il en est de même du général.
La Colonie peut traiter avec égalité &
balancer la partie des revenus nationaux qu'on y transporte par tous les

ſiens. Si par diverſes circonſtances dont le défaut de maſſe d'argent eſt le point de réunion, elle ne le fait pas, ſi elle conſent à devoir, c'eſt ſeulement une quantité ſurabondante de ſes denrées, lorſque l'Etranger en ouvrira le débouché. Cette dette eſt un gain promis au commerce, auquel la Colonie renonce pour elle-même, lorſqu'il pourra s'effectuer. Elle n'a point compté donner chaque année tous ſes revenus, & une partie de ſa terre, au commerce.

Les ſûretés ſur les terres d'une Colonie ne ſont donc que comme pour les fonds de l'Etat, la repréſentation d'une affectation, & non l'affectation même, juſqu'à ce qu'un événement prévu les dégage. Il en ſera de même partout où les débiteurs ſeront forcés à l'être, & formeront l'univerſalité. Il le ſera partout où la dette publique eſt perpétuelle, & où il faut que les débiteurs ſe liberent. Si l'on ſuppoſoit dans le Royaume une ſituation de commerce d'une Province à l'autre, où les terres de l'une duſſent être perpétuellement en vente pour acquitter les ſoldes dûes à l'autre; ajoutons, où les terres duſſent, par les ventes, paſſer de tous les laboureurs à tous les commerçans, le commerce cesseroit ; ou les décrets cesseroient.

Les décrets ne sont donc pas une loi à faire pour les Colonies ; ils seroient ridiculement proposés pour y rétablir la confiance , & ne seroient propres qu'à y assurer la ruine du commerce par les suites d'une défiance générale. Mais c'est une loi faite. Il suffit de n'en point augmenter les facilités ; la nature des choses en gêhera toujours l'exécution , jusqu'à ce que des remedes , que les décrets ne peuvent fournir , en rendent l'usage inutile.

Il faut assigner un caractere aux obligations des Colonies : c'est qu'elles séjournent toujours dans les mains du créancier originaire. Les décrets *rigoureux* seroient donc toujours des armes présentes entre les mains d'un offensé. Que ces obligations circulent , elles deviennent des valeurs , & rendent les décrets inutiles ; mais je dois tout dire , c'est qu'il n'y a point d'intérêt dans les Colonies assez haut pour satisfaire l'avidité des porteurs du papier , & par conséquent d'intérêt assez bas pour égaler un papier qui ne se réfout pas fur le champ à l'argent. Les obligations, dans le général, font bonnes ; toutes les dettes fe liquident : mais ce font des repréfentations dont l'objet eft affuré , & non pas fixe ; dont l'objet ne peut jamais être lucratif. Il n'y a nulle maffe d'argent dans les Colonies : s'il y en avoit , il n'y auroit nul intérêt pour le repréfenter.

La juftice rigoureufe employée pour étayer le crédit particulier, manque fon objet. Les décrets ne faciliteroient pas le payement des obligations au débiteur , ne les rendroient pas plus circulantes entre les mains du créancier, n'établiroient pas de maffe d'argent, n'y affeoiroient point d'intérêt proportionné aux autres gains du commerce , ne réaliferoient jamais le papier à la demande du propriétaire du papier. Le crédit particulier , fous quelque forme qu'on le confidére , quelque perfection qu'on lui donne , de quelque terreur dont on l'arme , eft un crédit concentré ; n'a point le caractere d'un emprunt & d'une dette, mais d'une dette feulement ; n'eft point circulant ; n'eft point par conféquent une valeur nouvelle , car les valeurs font fondées fur la circulation.

La juſtice, telle qu'elle regne en Europe, ne peut être auſſi abſolue dans les Colonies, qu'on n'y faſſe naître les mêmes circonſtances. La juſtice arbitraire eſt un poids, comme tout arbitraire ; il eſt de plus dans le commerce une vexation pour le débiteur & le créancier. Les mœurs ne ſont pas à établir dans les Colonies. Il y a peu de lieux où la bonne foi, ou la généroſité à défaut de bonne foi, ſerve plus le commerce. Il y a des gênes, des embarras, un défaut d'expédiens général, une négligence reſpective. La probité qui conſiſte à payer aux échéances eſt la ſeule qui y manque, parce qu'il n'y a pas d'échéances pour des revenus ; il n'y en a que pour l'argent, qui ne s'y montre point (8). En un mot, la juſtice *des contraintes*, telles qu'elles ſont

(8) *Dans les endroits où l'argent eſt moins abondant, cette petite gêne (des lettres de change) auroit beſoin qu'on prolongeât les jours de grace.* Elem. du com. pag. 283. Que dire des lieux où il n'y pas d'argent ? Faudra-t'il y augmenter les contraintes ? Faudra-t'il les diminuer ? Que dire de ceux où il n'y a & ne peut avoir d'argent fixe ? Faudra-t'il les établir : ou établies, les favoriſer par une application arbitraire ?

établies, est un mal nécessaire ; ce seroit un plus grand mal de la considérer comme un bien, dans l'état actuel. Les remèdes doivent être analogues aux maux. La justice n'est point le remede d'une dette *perpétuelle* : c'est la finance.

La finance est l'art des représentations. Elle ne les doublera pas précisément dans les Colonies ; craignons ses spéculations arbitraires : elle les proportionnera seulement à la dette publique. La dette publique s'accroîtra d'abord de l'augmentation de valeurs, les représentations croîtront alors. Si la dette diminue, les représentations diminueront. En un mot, les représentations font applicables à une dette perpétuelle ; c'est-à dire à une dette qui croît ou décroît, ou ne s'éteint que pour se renouveller : c'est leur seul objet. Il faut un crédit public dont les effets ayent ce caractere. De ceci, & de tout ce qui a été dit fur les Colonies, cherchons à conclure les principes du crédit public qui y est propre.

Voici tous fes caracteres.

1°. Il est fondé sur les espérances d'augmentation de prix des denrées de la Colonie chez l'Etranger : il ne doit donc engager que les espérances des terres, c'est-à-dire leurs revenus possibles. Il ne doit affecter les fonds que par représentation (comme il arrive pour les fonds de l'Etat, ou subsides, qui ne peuvent s'aliéner) (9).

2°. Les hauts prix à l'Etranger, qui amenent les liquidations s'établissent d'espace en espace, parce que les débouchés considérables doivent souffrir des intervalles (10). Ils sont plus ou moins hauts, reviennent plûtôt ou

(9) Les subsides sont les fonds de l'Etat *représentatif*. Ils sont inaliénables de leur nature, & ils s'alienent toutes les fois qu'on asseoit un remboursement sur des subsides *extraordinaires*, qui excédent la portion que le sujet peut payer sans aliener quelqu'une de ses propriétés ; ou (ce qui est égal) qui prennent sur le nécessaire des imposables.

(10) Un débouché excessif suppose une cessation précédente de consommations, occasionnée par les disettes, &c, ou une cessation d'approvisionemens prévue en conséquence d'une guerre prochaine, &c.

Il est heureux que ces débouchés placés d'intervalle en intervalle ne soient pas partagés par année, pour former un prix courant toujours égal à l'Etranger ; car le prix des denrées d'Europe s'y proportionneroit cons-

plus tard. Il faut donc que le crédit public augmente ou diminue, s'arrête ou reprenne son cours ; & conséquemment que la forme constitutive de ses représentations leur permette de suivre ces variations sans perte de valeurs.

3°. Les fonds de ce crédit doivent être certains, quoique fondés sur l'espérance. Ainsi ils ne porteront point sur les gains de spéculation d'aucun commerce *représentatif* fait pour hâter les débouchés, ou les rendre plus favorables ; d'aucun commerce isolé, & distinct du commerce général de la Nation.

4°. Ce crédit est fait, non pour représenter une dette, mais pour l'acquitter. Il est favorable au commerce, & peut ne pas l'être aux gains excessamment dans les Colonies. Il y auroit toujours augmentation de dette ; il n'y auroit plus de liquidation. Pour que cette liquidation ait lieu, il a fallu jusqu'à présent que le débouché fut subit, & que les commerçans n'eussent pas le tems de se précautionner. En un mot il a fallu que la Colonie abusât de ses forces accidentelles contre la Nation, pour réparer l'abus des forces réelles de la Nation contre la Colonie. C'est dans ce reflux de hazards que consiste le commerce actuel.

fifs du commerçant particulier. La direction de ce crédit, ou la grande influence même, ne doit donc pas fe trouver dans la main du commerce, qui ne peut agir que par les commerçans.

5°. Ce crédit eft fait pour unir enfemble, en quelque maniere, les années favorables des débouchés ; pour faire difparoître les dangers des intervalles ; pour diminuer chaque dette particuliere, en attendant qu'elle puiffe s'éteindre par les événemens prévus du commerce extérieur. Il ne faut donc pas que les intérêts de l'emprunt, dans ce crédit, égalent les produits des terres, ni les gains de l'induftrie ; fans quoi un capital repréfenteroit l'autre, il n'y auroit point de diminution des capitaux de la dette : il faudra que l'intérêt des fommes prêtées foit le moindre poffible. Mais comme d'un autre côté les repréfentations aufquelles l'intérêt modique fera attaché, font deftinées à faire des payemens aux commerçans accoutumés à de plus grands gains, c'eft à l'art à étendre ces légers intérêts, & à leur prêter, fuivant les diverfes fituations que les repréfentations acquéreront par la durée de la circulation, des valeurs plus ou moins grandes.

6°. L'exclusion de la direction de ce crédit pour le commerce, & la dépendance politique qui est en partie fondée sur la dépendance résultante de la perpétuité de la dette publique, en attache la régie à une autorité quelconque dans la Colonie. Cette autorité doit être celle qui a le moins de puissance propre ; celle à qui l'on se confie le plus, qui fonde le plus les sûretés *personnelles* nécessaires dans tout crédit ; celle qui dispose ordinairement des fonds analogues à ce crédit, des fonds dont le prêt ne peut engager que les espérances des terres, des fonds dont *l'assiete* n'est pas perpétuelle, dont la diminution ou l'augmentation peuvent être facilement observées, assurées, ou prévenues ; celle enfin à qui des maximes fixes peuvent donner une perpétuité.

Je n'ai pas dépeint tous les caractères de ce crédit, mais j'en ai dit assez pour inviter à le chercher ; j'en ai dépeint de tels, que le crédit qui les rassemblera sera un bon crédit, un crédit
public

public suffisant , stable , plein d'avantages , & sans danger. Je ne prétends pas donner précisément des projets, on en peut imaginer peut-être plusieurs équivalens. Je dois être jaloux des principes qui assurent le bien public ; je ne le suis point d'une conséquence qui m'appartient. Ainsi c'est avec une simplicité digne de mon but , que j'ose hazarder un projet de liquidation générale sur le modele que j'en ai tracé.

Qu'on se rappelle tous les principes établis sur le commerce des Colonies. Qu'on se souvienne que la dette publique est avantageuse au commerce , & à charge seulement à quelques commerçans qui portent trop de la dette ; que la dette publique doit être perpétuelle , mais changer de débiteurs & de créanciers ; qu'elle s'éteint par les avantages du commerce extérieur d'espece en espace , & qu'elle se renouvelle aussitôt sous de nouveaux noms par l'effort même du commerce général : qu'il ne s'agit conséquemment dans le projet , en laissant au commerce le soin d'augmenter les cultures par ses apports ordinaires , que de liquider , ſans diminuer les conſommations courantes, des portions fortes de la dette à meſure qu'elles peſent trop aux commerçans particuliers ; & de lier, comme je l'ai dit, une liquidation générale à une autre.

Ces principes rappellés, je dis qu'il eſt facile de former dans la Colonie un fonds public par une impoſition (11), qui, une fois faite, ſerve toujours (ou du moins très-long-tems) aux liquidations ; qui puiſſe, ſi l'on eſt forcé de la renouveller, l'être à tems ; l'être par parties ; ceſſer ou continuer, diminuer, ou augmenter annuellement ; ſe prêter aux vûes de la politique, & aux beſoins combinés du Commerce ; qui puiſſe enfin être reſtitué à la Colonie en laiſſant après lui, & de ſes bénéfices, un fonds égal toujours ſubſiſtant.

Je ſuppoſe qu'on eſt inſtruit par l'expérience du paſſé, ou par des calculs de comparaiſon très-faciles, que la dette de la Colonie au Commerce général eſt, dans les tems du plus grand

(11) Voyez au Diſcours XVI. *Des Impôts* les différens uſages publics auxquels l'impôt juſtement diſtribué peut ſervir.

diſcrédit , de dix millions. Si l'on op-
poſe à cette dette un crédit de dix millions, il eſt clair qu'indépendamment
des valeurs accidentelles que le changement de mains multiplié lui donnera , ce crédit procure de ſon premier
jet vingt millions de valeurs *circulantes ;*
car la nature du Commerce étant de s'é-
tendre proportionnellement à ſes fonds,
les repréſentans du Commerce chercheront d'abord à replacer les dix millions du payement qu'ils auront reçus.
En partant de ces ſuppoſitions , voici
l'impoſition , & ſes uſages.

Sa quotité ſera de dix millions,
francs des frais de recette.

Sa durée ſera de treize années ;
chaque perception annuelle de ſept
cens ſoixante & neuf mille livres environ.

La forme de ſa perception ſera une
augmentation à la caiſſe des droits publics (12).

(12) Cette caiſſe eſt dirigée par le Doyen
de chaque Conſeil , qui en reporte la régie à
l'Aſſemblée. Les droits publics deſtinés déja
à différens uſages municipaux, ou judiciaires,
ſont aſſortis à des uſages plus ou moins étendus, & variés ſuivant le beſoin ; parce qu'ils

L'établissement de l'impôt en *Cré-dit* se fera par moitié de cinq millions, en deux natures de fonds ; mais avec une seule forme de représentations, en actions. Le nombre des actions sera de deux mille, de 5000 livres chacune, avec des coupons pour le payement des intérêts.

L'établissement du Crédit, ou la distribution des actions, se fera par des prêts aux débiteurs pour l'espace de treize années, durée de la premiere banque.

La regie de l'impôt & des remboursemens des emprunts auxquels il servira, sera, suivant les principes des caisses de droits publics, attribuée par proportion à chaque Conseil assemblé.

La regie du prêt aux débiteurs, & de la circulation des fonds, sera, selon l'esprit d'une telle banque, commise

s'imposent tous les ans, ou tous les 18 mois, à la demande même des besoins. Il n'en est pas ainsi de l'octroi fait au Roi pour les dépenses de l'entretien, & de la défense de la Colonie. C'est un droit perpétuel, sans augmentations, ni diminutions. Il s'est passé trente-six ans sans changement, depuis les premiers essais de l'octroi en 1714, jusqu'en 1750, qu'il y a eu une imposition extraordinaire.

à une Chambre formée par les deux Chefs, les cinq plus anciens Conseillers titulaires, & le Procureur Général.

Le payement des intérêts des actions prêtées dans le premier moment de la banque aux débiteurs sera, pendant les treize années de la circulation des fonds, de cinq pour cent par année de la part des débiteurs.

Le payement des intérêts de la banque aux actionnaires sera d'un peu moins de cinq pour cent. (13) Ils feront inégaux, fuivant une diftribution fixe (14), qui les établira la premiere

(13) Cette diminution fur les cinq pour cinq d'intérêts eft néceffaire pour indemnifer la banque de l'excédent d'intérêts qu'elle paye en diverfes années de la circulation des actions. Elle eft au refte peu fenfible fur un grand nombre d'actionnaires fucceffifs dans chaque action ; & cette diminution fera compenfée refpectivement dans chaque moment de la circulation, par les prix des marchandifes dont les actions feront le payement, qui remettront les actions en balancement avec leur valeur réelle.

(14) La diftribution inégale d'intérêts qui eft propofée eft relative à l'ordre de circulation des fonds, & en quelque maniere à la deftination fecrette de cette circulation. D'abord prêtés aux débiteurs, ils doivent paffer aux créanciers des anciennes dettes, qu'il con-

année à dix pour cent ; la seconde à huit ; la troisiéme à six ; la quatriéme & cinquiéme à quatre ; la sixiéme à six ; la septiéme & huitiéme à quatre ; la neuviéme à six ; la dixiéme, onziéme, & douziéme aux portions d'intérêts nécessaires pour dédommager la banque des avances faites de l'excédent des premiers intérêts sur ceux de cinq pour cent payés par les débiteurs ; la treiziéme seroit sans intérêts.

L'affectation pour le payement, de la part de la banque, seroit l'impôt & l'assiete d'une partie de ses fonds, telle qu'elle sera expliquée.

L'affectation pour le remboursement vient d'inviter par un intérêt avantageux à les prendre. Si ce ne sont que des créanciers de nouvelles dettes non échûes, il est clair que les intérêts cédés feront partie du payement des capitaux dûs. En un mot des créanciers aux débiteurs (& il ne faut pas perdre ce point de vûe) les traites remettront toujours tout en balance. Lorsque les intérêts des actions diminueront les années suivantes, les créanciers qui en seront devenus propriétaires seront invités à les faire repasser à de nouveaux débiteurs. C'est ainsi que l'inégalité des intérêts est un moyen de circulation de plus ; son retranchement du projet est d'ailleurs très-facile.

à la fin des treize années de la part des débiteurs à qui les actions feront prêtées, fera, non le fonds même de leur terre qui ne pourra, dans les cas ordinaires, être vendue; mais une portion du revenu relatif à la portion de la terre que les actions prêtées auroient payée dans le principe du prêt, fuivant l'eftimation de la terre faite lors du prêt (15) même.

(15) Cette eftimation fera modique, parce qu'il faut laiffer dans la foibleffe de l'eftimation une raifon déterminante au débiteur de fe libérer du prêt, qui engageroit après le terme donné une portion d'autant plus forte de fes revenus, que l'eftimation du fonds auroit été plus rigoureufe. Il y a cependant des cas d'exception, dans les faillites ou déconfitures réelles de fucceffion des cultivateurs, dans les licitations des biens affectés, &c. où l'on pourroit, les débiteurs étant défintéreffés, & pour l'avantage des acquéreurs, ordonner la vente. On n'a donné que les vûes générales du projet, conféquentes des principes; & il eft évident qu'indépendamment de l'impoffibilité des ventes générales & abfolues dans les Colonies, la faifine des revenus affectés au défaut de payement, feroit plus avantageufe que la vente; & que la maffe de ces revenus formeroit un nouveau genre d'actions *lucratives*, c'eft-àdire fufceptibles des augmentations variées d'intérêts. Voyez la note (17).

Le remboursement *nécessaire* des actions se feroit aux actionnaires à la fin de la treiziéme année, sauf à renouveller ; mais au commencement de la cinquiéme, la banque commenceroit à rembourser volontairement celles qui se présenteroient, en escomptant l'excédant des intérêts qu'elle auroit payés les années précédentes sur ceux de cinq pour cent qu'elle auroit perçûs des emprunteurs : & ces actions seroient changées en d'autres de même nature, & condition, pour être reprêtées de nouveau ; ou seroient éteintes, suivant les besoins du Commerce.

Le remboursement *nécessaire*, de la part des emprunteurs, se feroit également dans la treiziéme année : mais il leur seroit libre de rembourser volontairement, à commencer de la cinquiéme année.

On a dit que l'impôt seroit partagé en deux natures de fonds, par moitié. Une de ces portions seroit destinée à être changée en une monoye fixe (16) que le Prince détermineroit pour les

(16) Cette monnoye seroit-elle forte, ou foible, eu égard à la valeur actuelle des mon-

Colonies, & à y former une masse d'argent suffisante pour payer les représentations de la banque, celles que ces premieres feroient naître, & les autres valeurs criculantes.

L'autre portion feroit destinée à éteindre l'impôt ; à en rendre la continuation, ou le renouvellement, inutile ; à le représenter perpétuellement ; & plus avantageusement encore pour les usages du crédit. Elle feroit placée en deux grandes terres déja établies de quatre cens milliers de sucre blanc de revenus chacune (17), & deux autres grandes terres établies en Indigo, dont

noyes du Royaume ? Cela sera examiné à la fin de ce Discours. Mais on peut dire en général, 1°. que comme différens événemens prévus se succéderoient dans la liquidation, depuis qu'elle commence jusqu'à ce qu'elle finisse, la monnoye semble devoir suivre ces événemens, & avoir des variations réglées dans l'Edit de son établissement qui partagent les risques de la variation, jusqu'à ce qu'elle en vienne à un point fixe qui ne puisse plus être altéré ; & serve de base au nouveau commerce. 2°. Que ce point fixe de la monnoye des Colonies est la valeur de la monnoye d'Europe ; la parité.

(17) Les premieres actions de l'établissement de la Banque auroient une valeur fixe

P y

les produits à quinze pour cent qua-
drupleroient environ dans les treize

fondée fur la fixité des intérêts. Elles ne feroient pas *lucratives*. Celles qui en prendroient
naiffance, & qui feroient placées fur des fonds
de terre feroient *lucratives*. Les gains feroient
1°. confidérables ; 2°. Ils pourroient croî-
tre, fans rifques de décroître au-deffous du
taux du Prince. C'eft ainfi que la culture des
Colonies repréfente un fonds de commerce
propre à affeoir une banque, parce que tout
fonds qui donne un gain varié eft un pareil
fonds. Ces dernieres actions, par leur augmentation de valeurs excédante la liquidation
générale de la dette publique, par le caractere
qu'elles prendroient entre les mains des commerçans, feroient même un fonds propre aux
avances des nouvelles cultures.

Il eft vrai qu'elles auroient un inconvénient
apparent que n'ont pas les premieres. Elles
formeroient peut-être une claffe de rentiers,
gens oififs, ou pour le commerce, ou pour la
culture. Il pourroit y en avoir quelques-uns :
je dis plus, il en faut un certain nombre. Ce
nombre fera toujours proportionné & relatif
aux grands avantages des cultures de la banque : donc les autres cultures feront avanta-
geufes : donc elles feront entretenues & perfectionnées. Ce ne feroit pas connoître l'efprit d'inquiétude, & les efpérances du fol des
Colonies, que d'y craindre la pluralité des
rentiers. Un rentier qui y aura accumulé quinze
pour cent de profit pendant quelques années,

années du premier établiſſement de la banque le fonds de cinq millions ; & conſéquemment doubleroient, porteroient à vingt millions , le premier fonds total de l'impôt de dix millions (18).

· Il eſt inutile de dire , puiſque l'argent repréſenteroit toujours ces actions par les rembourſemens *néceſſaires* , ou *volontaires* , que ces actions repréſenteroient toujours l'argent ; qu'elles ſeroient reçûes dans tous les payemens , même de droits royaux ; en un mot qu'elles ſeroient *monnoye*.

les placera, par une ſuite du mouvement de tourbillon qui y regne , dans une petite terre ; cette terre l'endettera , il s'enſuivra la vente de ſon action à un commerçant qui la remettra dans la circulation.

(18) Non-ſeulement les fonds de la banque ſeroient doublés , mais la quantité des valeurs ſeroit en raiſon compoſée de ce doublement des fonds, & de leur circulation. Il arriveroit peut-être que ces fonds doubles ſeroient néceſſaires : alors le commerce auroit viſiblement augmenté de cette proportion. Il pourroit auſſi arriver que le premier fonds de dix millions ſeroit ſuffiſant : alors l'excédent formeroit la reſtitution des dix premiers millions impoſés. Les levées ordinaires , comme il ſera dit , ceſſeroient ; ou plutôt , diminueroient ſucceſſivement , juſqu'à ce qu'elles ſe remiſſent en balancement ſur le pied actuel.

L vj

Il est également inutile d'entrer dans tous les détails, tous les rapports, tous les accessoires d'un pareil projet. Ses différens usages sont apperçus ; il suffit aux vûes générales que je me propose, de montrer, après avoir établi la nécessité du credit public, qu'il en est un facile, existant dans la Colonie, par lequel les consommations excédantes l'échange dûes par les débiteurs, c'est-à-dire par la moindre partie du revenu public, sont acquittées par la masse générale des revenus de la Colonie ; qui s'établit sur des fondemens perpétuels, comme la dette ; qui augmente la dette & les liquidations, en augmentant les valeurs circulantes ; qui, dans son premier établissement, suffisant pour la liquidation actuelle, & avec une forme & des moyens dans sa circulation dirigés à cet objet, forme un crédit double, des valeurs doubles ; qui établit ces nouvelles valeurs doubles sur un fonds certain & *lucratif* comme les autres banques, sur un commerce propre à la Colonie, propre à la nature de la dette & de la liquidation, sur la culture (19) :

(19) Voyez ce qui a été dit à la note (17).

qui rassemble tous les caracteres qui ont été proposés ; dont le Commerce ne peut ni diriger, ni corrompre la circulation ; dont toutes les conditions de débiteurs, ou de créanciers, profitent ; dont la regie, sans danger, facile, donne les sûretés *personnelles* dans la circulation, en même tems qu'elle est propre à laisser observer tous les mouvemens de cette circulation, à fournir le droit & les moyens (20) d'étendre ou de resserrer le crédit, d'augmenter ou de diminuer la quantité des valeurs ; qui enfin capable de la plus grande extension, l'est de la plus grande petitesse, & se résout, quand on le veut, à ses principes (21). C'est un impôt qui peut toujours se résoudre à l'impôt ; en tenir lieu, si le crédit devient inutile ; dispenser des levées ordinaires pendant un tems ; en un mot se restituer à la Colonie, aux prêteurs originaires.

Il me reste un mot à dire des monnoyes destinées à former la masse d'argent.

(20) Voyez ce qui a été dit à la note (12.)
(21) Voyez ce qui a été dit à la note (18).

Jusqu'à ce que cette masse soit établie, & que la liquidation commence à prendre le dessus de la dette publique, il est évident qu'il faut maintenir la valeur actuelle de la monnoye d'Espagne qui a servi à établir la quotité de la dette (22) ; & que pour maintenir cette valeur, il faut égaler la piastre

(22) Il faut considérer les denrées des Colonies, au défaut de masse d'argent fixe & circulante, comme l'argent même. Dans ce principe, tout ce qui tendroit à établir la parité d'especes avec l'Europe, seroit un véritable surbaissement d'une monnoye qui se trouve toute entre les mains des débiteurs : caractere que n'a aucune monnoye d'Europe, où les surbaissemens partagés entre toutes les conditions de débiteurs, ou de créanciers, sont généralement dangereux.

Dans le Royaume, si le louis d'or de 24 livres tomboit à 16 livres, le débiteur qui auroit tenu prêts cent vingt mille livres qu'il devoit avant le surbaissement, ne payeroit en effet que quatre-vingt-mille livres. Après le surbaissement, il lui faudroit cent quatre-vingt mille livres de l'ancienne monnoye pour payer toute sa dette. Dans la Colonie, si la piastre de compte de six livres tomboit à quatre liv. qui-est le pair d'Europe, cent milliers de sucre qui se vendent vingt-quatre mille livres avant la parité d'especes, n'acquitteroient réellement, la parité établie, que seize mille

de compte, formée de huit reaux d'*Es-pagne*, à la piastre d'Amérique, ou de *poids*, en faisant valoir 16 sols chacun des huit réaux de la premiere (23). Cette proportion serviroit non-seule-

livres. Il faudroit au débiteur trente-six mille livres pour payer sa dette.

Il est donc de principe que la parité d'es-peces subite augmenteroit d'un tiers la dette publique des Colonies ; & qu'il faut consé-quemment, pour l'établir, que cette dette soit acquittée *réellement*, ou *représentativement*, & que les pertes des diminutions graduelles & successives puissent être partagées entre les dé-biteurs & les créanciers par la circulation d'un fonds commun : ce qui ne peut avoir lieu que par un papier public, par les actions.

(23) Les piastres Mexicaines, ou Peruviennes, sont également de huit réaux ; mais ces mon-noyes sont plus fortes d'un cinquiéme & un tiers environ, que celles de l'Espagne Euro-péane. Sur ce pied, la piastre Mexicaine, ou Peruvienne, vaut dix réaux deux tiers d'Espa-gne. Ainsi en mettant dans la Colonie chaque réal d'Espagne à 16 sols, la piastre de compte sera de 6 liv. 8 sols, & se trouvera en égalité avec la Mexicaine, qui alors sera portée à 8 liv. 2 s. 6 deniers ; c'est-à-dire à une augmen-tation seulement d'un cinquiéme environ de valeur en sus de la piastre d'Espagne. Quant à l'or il se trouvera en proportion à 30 livres ; c'est-à-dire que chacune de ces monnoyes per-dra environ 40 pour cent dans le transport en Europe.

ment à conserver plus long-tems (24)
la masse d'argent nécessaire au Commerce ; mais aussi à la multiplier (25).

(24) On ne peut fixer la monnoye d'Espagne, c'est une marchandise : à le bien prendre, on n'en peut même fixer aucune, dans le cas des différences trop sensibles d'une monnoye d'un Royaume à celle d'un autre, & où le transport seroit possible ; alors la monnoye forte attire la foible. Mais l'on peut conserver plus ou moins de tems la masse d'une pareille marchandise. Lorsque les pertes des retours des denrées des Colonies en Europe sont de quarante pour cent , le commerce transporte de la Colonie la piastre de poids prise sur le pied de 7 liv. 17 sols 6 den. ou de 8 liv. 2 sols, 6 den. qui souffre cette perte, & lui laisse en gain son vaisseau libre pour le fret qu'il en peut faire. Si les pertes de *retours* sont de trente-trois un tiers ; il transporte la piastre même de compte, de 8 réaux d'Espagne, ou de 6 liv. qui ne souffre que ce déchet.

Il est donc évident, puisque les pertes de quarante pour cent sur les retours sont plus rares que les pertes de trente-trois un tiers, qu'à égaler une piastre à l'autre dans le simple rapport de ces pertes, on conserve l'argent d'Espagne plus de tems, de toute la proportion de la différence de renouvellement d'une de ces pertes à l'autre.

(25) Les Espagnols de S. D. n'apportent que des piastres Mexicaines, ou Peruviennes dans les marchés de nos Colonies ; ce sont les

Lorsque la monnoye nouvelle des

commerçans qui nous apportent la monnoye foible d'Espagne. L'argent de l'apport des Espagnols, étant comparé dans le commerce à la piaftre courante des derniers évaluée à fix livres, gagne toute fa proportion. Si l'on hauffoit la piaftre d'Europe à fix livres huit fols, les marchandifes & les denrées augmenteroient par proportion ; & dans celles qui feroient vendues aux Efpagnols, leur piaftre perdroit la proportion idéale qu'ils y attachent : je dis *idéale*, parce que ce n'eft réellement qu'à la concurrence des denrées de la Nation & de la Colonie entre elles qu'eft attaché le prix des marchandifes , & non à la monnoye courante qui fert fi rarement à les payer, faute de maffe fuffifante. Ils ne perdroient cette proportion que parce qu'ils acheteroient plus cher , & qu'ils ne recevroient réellement pour leur piaftre de dix réaux deux tiers d'Efpagne, que des marchandifes de la valeur de dix des mêmes réaux environ ; & ils augmenteroient ainfi d'un côté la maffe d'argent de la Colonie, tandis que d'un autre côté le commerce intéreffé par un gain de plus de 40 pour cent aux tranf-ports des monnoyes foibles d'Efpagne , l'aug-menteroit auffi par un apport qui feroit plus ra-rement détruit par les réexportations en Euro-pe ; & toujours plus tard que l'apport des pre-mieres piaftres qui retrouveroient plutôt leur balance actuelle avec les pertes des retours.

Il ne faudroit pas craindre que l'augmenta-tion des prix des denrées d'Europe augmentât

Colonies prendra cours, (& elle le

de sa proportion la dette de la Colonie, parce
que la Colonie y proportionneroit le prix de
ses denrées. Le surbaissement de cette monnoye est un danger pour les débiteurs : le sur-
haussement est un avantage pour les débiteurs
& les créanciers. Les premiers liquideront
plus d'anciennes dettes par les revenus ; les
seconds augmenteront plus la nouvelle dette
par les fournitures.

Il ne faudroit pas également craindre que
les Espagnols voulussent d'eux-mêmes rega-
gner la proportion en tenant leur piastre plus
chere proportionnellement. Tant que le commerce n'aura pas d'intérêt à attirer les piastres, comme il arrive dans les tems ordinaires, les Espagnols ne seront de leur côté ni
avertis par une hausse aussi insensible de prix,
ni tentés d'y mettre remede par leur dispari-
tion des marchés. Ce commerce est un commerce forcé pour eux, & toujours plus lucratif que celui qu'ils font avec l'Espagne.

J'oserai hazarder, comme une conséquence
de cette spéculation, qu'il pourroit même y
avoir un avantage à saisir l'occasion d'une
année de crédit, où le transport de la monnoye foible d'Espagne dans les Colonies auroit
été considérable, pour augmenter tout-à-coup
la piastre courante à 7 livres, & la mettre
ainsi hors de proportion avec la piastre de poids
même. Je sçais que tous les prix augmenteroient subitement ; que pour perdre moins,
dans certains cas, le commerce attireroit la

prendra, lorfque l'expanfion des premieres actions aura ranimé les liquidations de toutes parts) il eft expédient (26) que fa valeur fe rapproche de

piaftre des Efpagnols de S. D. qui alors, par l'augmentation générale & refpective des prix, pourroit faire une remife répondante à celle actuelle de trente-trois un tiers, & peut-être moins ; que dans une année de difcrédit la hauffe du prix des marchandifes permettroit d'enlever la monnoye même courante qui fous d'autres dénominations retrouveroit fa balance actuelle, car on ne peut long-tems, forcer la nature : mais je fçais qu'il s'agit d'un remede momentané ; je fçais que celui que je propofe ne fait aucun tort réel au commerce qui a profité d'ailleurs de l'apport, puifque le furhauffement s'établit dans une année de crédit, & qu'enfuite tous les prix fe balancent ; je fçais qu'en attendant que les inconvéniens prévus fe réalifent, plufieurs débiteurs fe feront liquidés par le prix des denrées ; & qu'enfin (politiquement parlant) un mouvement quelconque convient mieux à l'état actuel des Colonies, que le repos. Je fuis d'ailleurs bien éloigné de regarder un pareil moyen de liquidation comme celui d'une liquidation perpétuelle. C'eft une caufe qui s'éteint avec fon effet.

(26) Un expédient qui fuppléroit à la fixation de cette gradation néceffaire de diminutions, pour conduire à la parité, & qui

la parité des espéces d'Europe ; d'abord d'un mouvement dont l'effet sensible soit de ramener la piastre de poids au prix de la piastre de compte ; qui baissera proportionnellement ensuite, d'année en année d'une gradation marquée , jusqu'à la parfaite parité.

C'est un préjugé (27) des Colonies

mettroit même à portée de sçavoir jusqu'où elle doit être poussée , seroit d'établir les actions en *valeurs de France*. Il y auroit alors le prix des denrées en la monnoye courante actuelle des Colonies , & le prix relatif en *actions*. Ce prix varieroit suivant les *retours*. Ce seroit même un moyen d'établir des variétés dans la circulation des premieres actions ; de leur donner de la force ; d'y attacher la préférence , en leur donnant le caractere d'un papier lucratif. J'ai dit *les premieres actions ;* car les secondes fondées sur la culture auroient pour fondement la parité d'especes uniforme dans la Colonie. Voyez ce qui est dit note (17).

(27) Ce fut en 1721 que pour obvier au poids excessif de la dette publique, augmenté par les variations que les valeurs acquiéroient alors en Europe, M. de Sorel Gouverneur, & M. Duclos Ordonnateur dans la Colonie, prirent sur eux de porter la pistole d'or d'Espagne qui valoit alors 20 livres à 32 livres, & les piastres de cinq livres à huit livres. Le

que de regarder le ſurhauſſement de la monnoye d'Eſpagne comme avantageuſe par elle-même ; elle n'eſt que néceſſaire. Bien des gens la prônent encore ſur les lieux comme un bien, qui l'ont vû naître comme un remede. C'eſt une marque de la ſervitude, qui ne doit durer que juſqu'à la fin de l'aſſerviſſement.

Ceux-mêmes qui aiment les hautes valeurs, n'ont pas aſſez conſidéré un avantage ſingulier de la valeur chimérique des piaſtres : c'eſt que dans un

mouvement du commerce fit tomber très-promptement la piſtole à 30 livres. Enfin le Miniſtere crut devoir s'intéreſſer lui-même en 1724 à la fixation de ces monnoyes ; & l'on employa, comme un remede relatif à l'état des finances en Europe, les hauſſes & les baiſſes. Voici leurs variations. En vertu d'un ordre du Roi du 15 Février 1724, la piſtole d'or tomba à 28 livres. Par un ordre du 11 Avril, même année, à 24 livres. Par un ordre du 10 Octobre ſuivant, à 19 livres. Par un dernier ordre enfin, de Juin 1726, elle remonta à 24 livres où elle eſt toujours reſtée, juſqu'à d'autres variations que l'or a eſſuyées par le ſeul mouvement du commerce ; d'où il ſuit que le prix de la piaſtre qui s'entend toujours dans ces tems de celle de *poids*, étoit originairement dans la Colonie à cinq livres, com-

pays d'ignorance, où le Commerce eſt
ruſé, exceſſivement avide, & protégé,
cette valeur eſt un thermometre certain pour les cultivateurs du prix juſqu'auquel ils peuvent porter leurs
denrées ; car, quand le Commerce
enleve l'argent, le prix des denrées
doit baiſſer (28) : quand il n'enleve
pas l'argent, ce prix peut hauſſer. Mais
d'un autre côté cet avantage eſt payé
cher. Le prix de la monnoye nume-
raire autoriſe d'abord le Commerce à
enfler ſes denrées d'un tiers en ſus de
la valeur d'Europe pour les mettre en
égalité, indépendamment du bénéfice.
Dans les années favorables, le Commerce qui redoute des prix forts des
denrées des Colonies, force les prix
des ſiennes. Dans cette obſcurité, le
thermométre ne marque plus ; les valeurs chimériques de la piaſtre dérob-
bent aux yeux les comparaiſons du prix
des denrées de la Colonie en Europe

me en France ; & que le prix de ſix livres où
elle fut fixée, & d'où elle eſt ſortie par l'apport
d'une monnoye foible de même dénomination
par le commerce, eſt une ſuite de l'accident général du Syſtême.

(28) Voyez la note (24).

avec le prix des frais de tranſport, aux-
quelles ſeules ils devroient s'accoutu-
mer; & l'on ne profite jamais (29) aſſez

(29) Les commerçans ſont accoutumés à
des profits exceſſifs. J'ai oui dire à quelques-
uns d'entre eux qu'ils n'avoient pas beſoin
d'envoyer dans les Colonies pour gagner douze
pour cent ſeulement. Cela eſt-il vrai pour les
vins, pour les farines, pour les toiles ? Les
commiſſions pour ces objets en Europe don-
nent-elles ce gain ? Cela eſt-il vrai pour les
Negres qui ſont une vraie création de valeurs?
car ſans eux, où ſeroient les profits ſur les
marchandiſes de traites. Un commerçant peut
raiſonner ainſi, le commerce ne le peut.
Quelque vie qu'ait l'intérieur, les objets des
gains de douze pour cent y ſont enfin bornés,
comme ailleurs, à la conſommation plus dé-
ſavantageuſement variable encore dans le
Royaume, que dans les Colonies. Il y a des
riſques, dit-on, dans le commerce des Colonies. Il faut en effet une hardieſſe ſinguliere
pour mettre ſur un vaiſſeau une marchandiſe
aſſurée ! Je ne parle pas des riſques des ventes,
car ils portent ſur les gains excédens ceux de
dix à douze pour cent. A ce gain *remis* en
Europe, on vend toujours comptant. Il ne
faut jamais attendre l'eſprit de modération du
commerçant; ce ſeroit vouloir d'une induſtrie
qui n'eut pas d'éguillon, qui ne fut pas induſtrie dans nos mœurs.

L'induſtrie Angloiſe cherche à multiplier
les petits gains. Leurs Colonies ſont fournies

des hausses à l'Etranger : ce qui est évident, puisque le Commerce en profite trop.

presque aux prix d'Europe ; les esclaves, les ustenciles, font moitié moins chers que dans les nôtres, à parité d'especes. Je vois, j'entends relever avec affectation tous les arts Anglois dans le commerce. Le plus exquis de tous n'est ni connu, ni cité aux Ministres. On n'imprime rien sur la médiocrité de leurs gains dans les Colonies.

Il ne faut pareillement jamais compter sur l'argent que les financiers, associés des commerçans, peuvent jetter dans les Colonies. On en a eu l'exemple. Ils veulent trente pour cent de gain ; leur argent ne séjourne pas. Ils ont, à ce qu'on assure, perdu dans le commerce des Colonies ; mais la forme de la régie de leur commerce, leurs fonds mêmes, ont appauvri les Colonies.

9 782013 454001